ORDONNANCE DU ROI

PORTANT

RÈGLEMENT

SUR

LE TRAITEMENT ET LES REVUES

DE L'ARMÉE DE TERRE,

ET

SUR L'ADMINISTRATION INTÉRIEURE

DES CORPS DE TROUPES.

19 MARS 1823.

A PARIS,

CHEZ ANSELIN ET POCHARD (Successeurs de MAGIMEL),
Libraires de la Garde royale et des Troupes de toutes armes,
rue Dauphine, n° 9.

1823.

TABLEAU ANALYTIQUE de l'Ordonnance sur la Solde, les Revues et l'Administration intérieure des Corps.

Ire PARTIE.

DES RÈGLES D'ALLOCATION.

TITRE Ier. Dispositions préliminaires.

CHAP. Ier. De la solde.

- SECTION Ire. Dispositions générales.
- SECTION II. Des positions donnant droit à la solde de présence.
  - §. Ier. En station sur le pied de paix.
  - §. II. En route.
  - §. III. Sur le pied de guerre.
  - §. IV. En disponibilité.
  - §. V. Délégations.
- SECTION III. Des positions donnant droit à la solde d'absence.
  - §. Ier. En congé.
  - §. II. A l'hôpital.
  - §. III. A l'hôpital, étant en congé.
  - §. IV. En détention ou en jugement.
  - §. V. En captivité.
  - §. VI. En congé illimité.
- SECTION IV. Des positions entraînant privation de la solde.

- SECTION Ire. Des supplémens......
  - §. Ier. De 200 francs aux lieutenans et sous-lieutenans.
  - §. II. Pour ancienneté de grade.
  - §. III. Hautes-paies.
  - §. IV. A la solde de route.
  - §. V. Pour résidence dans Paris.
  - §. VI. Aux officiers employés près les écoles militaires.
  - §. VII. Aux dépôts de recrutement.

- TITRE II. Des prestations en deniers.
  - Chap. II. Des accessoires....
    - Section II. Des indemnités......
      - §. Ier. Frais de représentation.
      - §. II. Représentative de fourrages.
      - §. III. De logement et d'ameublement.
      - §. IV. De frais de bureau.
      - §. V. En remplacement de vivres.
      - §. VI. Pour pertes de chevaux et effets.
      - §. VII. Frais de poste.
    - Section III. Des gratifications....
      - §. Ier. De première mise de petit équipement.
      - §. II. *Id.* aux s.-offic^s^ promus offic^s^.
      - §. III. D'entrée en campagne.
  - Chap. III. Des masses.
    - Section Ire. D'entretien..........
      - §. Ier. De l'habillement.
      - §. II. Du culte catholique.
      - §. III. Du harnachement et ferrage.
    - Section II. D'entretien des voitures des équipages militaires en temps de guerre.
    - Section III. Des cantines d'ambulance.
  - Chap. IV. Dispositions particulières concernant les troupes embarquées.
- TITRE III. Des prestations en nature.
  - Chap. Ier. Des subsistances et du chauffage..
    - Section Ire. Des subsistances......
      - §. Ier. Du pain.
      - §. II. Des vivres de campagne.
      - §. III. Des liquides.
      - §. IV. Des fourrages.
    - Section II. Du chauffage.
    - Section III. Disposition commune aux fournitures de subsistance et de chauffage.
  - Chap. II. Du logement.
  - Chap. III. Du gite et geolage.

1*

IIe PARTIE.

DES RÈGLES DE PAIEMENT.

- **TITRE III.** Du paiement des corps de troupe et détachemens.
  - CHAP. Ier. De la solde.
    - SECTION Ire. De la formation des états.
    - SECTION II. Du cas de déduction de la portion de solde affectée à la masse de linge et chaussure.
    - SECTION III. Du passage à une solde différente.
    - SECTION IV. De la solde de captivité.
    - SECTION V. Des prisonniers de guerre étrangers.
    - SECTION VI. De la fourniture d'effets de linge et chaussure.
  - CHAP. II. Des masses.
    - SECTION Ire. De l'entretien de l'habillement.
    - SECTION II. Des frais de culte catholique.
    - SECTION III. De l'entretien du harnachement et ferrage.
    - SECTION IV. De l'entretien des voitures des équipages militaires.
    - SECTION V. Des cantines d'ambulance.
  - CHAP. III. Dispositions communes au paiement de la solde et des masses.
  - CHAP. IV. Des cas où le paiement de la solde et des masses serait arriéré.
  - CHAP. V. Des troupes embarquées et de celles levées pour la marine.
- **TITRE IV.** Des retenues sur la solde.
  - CHAP. Ier. Au profit de l'État.....
    - SECTION Ire. Du remboursement pour fourniture d'effets de linge et chaussure.
    - SECTION II. De la retenue de deux pour cent.
    - SECTION III. Des dettes envers le trésor royal.
  - CHAP. II. Au profit des particuliers.
    - SECTION Ire. Des secours aux femmes et enfans des officiers.
    - SECTION II. Des dettes envers des particuliers.
  - CHAP. III. Dispositions communes aux retenues pour dettes envers le trésor et des particuliers.
- **TITRE V.** Des frais de gîte et geolage.

IIIe PARTIE.

DES RÈGLEMENS DE DEPENSES.

- TITRE Ier. Des contrôles...
  - CHAP. Ier. Des officiers sans troupe et employés militaires.
  - CHAP. II. Des corps de troupe.....
    - SECTION Ire. Des contrôles à tenir par les corps.
      - §. Ier. Des contrôles d'hommes.
      - §. II. Des contrôles de chevaux.
      - §. III. Des contrôles de voitures.
      - §. IV. Des registres d'écrou.
    - SECTION II. Des contrôles à tenir par les sous-intendans militaires.
    - SECTION III. Des états des logemens militaires.
- TITRE II. Des revues......
  - CHAP. Ier. Des officiers sans troupe et employés militaires.
  - CHAP. II. Des corps de troupe.....
    - SECTION Ire. Des revues sur le terrain.
      - §. Ier. Par les sous-intendans.
      - §. II. Par les intendans.
    - SECTION II. Des feuilles de journées.
    - SECTION III. Des revues de liquidation.
  - CHAP. III. Dispositions particulières aux troupes embarquées.

- **TITRE III.** Des décomptes de libération.
  - CHAP. Ier. De la réunion des pièces.....
    - SECTION Ire. Des déclarations de quittance.
    - SECTION II. Des bordereaux de totalisation de fournitures en nature.
    - SECTION III. Du mode d'envoi de pièces d'un sous-intendant à un autre.
  - CHAP. II. De la formation des décomptes.
    - SECTION Ire. Des règles pour leur établissement.
    - SECTION II. De la destination des revues décomptées.
  - CHAP. III. De la consommation des décomptes......
    - SECTION Ire. Des corps de troupe.
    - SECTION II. Des fournitures en nature faites aux officiers sans troupe.
  - CHAP. IV. Du cas où les paiemens auraient été suspendus.
- **TITRE IV.** De la vérification des revues.
  - CHAP. Ier. De la vérification par les intendans militaires.
  - CHAP. II. De la vérification au ministère de la guerre.
  - CHAP. III. De la rectification des erreurs....
    - SECTION Ire. Des officiers sans troupe.
    - SECTION II. Des corps de troupe.
- **TITRE V.** Dispositions particulières.

IVe PARTIE.

DE L'ADMINISTRATION INTÉRIEURE DES CORPS.

TITRE Ier. Du personnel de l'administration intérieure des corps de troupe.

- CHAP. Ier. Des conseils d'administration....
  - SECTION Ire. De la composition et de l'installation des conseils.
  - SECTION II. Des séances des conseils.
  - SECTION III. Des attributions des conseils.
  - SECTION IV. Des délibérations des conseils.
  - SECTION V. De la responsabilité des membres des conseils.
- CHAP. II. Des officiers comptables.
  - SECTION Ire. Du trésorier.
  - SECTION II. De l'officier d'habillement.
- CHAP. III. Des Commandans de compagnie.
- CHAP. IV. Du major.

TITRE II. De la caisse et des registres de comptabilité à tenir dans les corps de troupe.

- CHAP. Ier. De la caisse.
- CHAP. II. Des registres de comptabilité.
- CHAP. III. De l'objet et de la tenue des registres de comptabilité.....
  - SECTION Ire. Du registre des délibérations.
  - SECTION II. Du registre de caisse.
  - SECTION III. Du registre-journal du trésorier.
  - SECTION IV. Du registre central.
  - SECTION V. Du registre de l'effectif.
  - SECTION VI. Du registre de la masse de linge et chaussure.
  - SECTION VII. Des livres de compagnie, des livrets des hommes et des livrets d'ordinaire.

TITRE III. Des formes à suivre pour constater l'existence et les droits des militaires dans les corps de troupe.

- CHAP. Ier. Des matricules.
- CHAP. II. Des contrôles annuels.
- CHAP. III. Des situations de l'effectif.
- CHAP. IV. Des feuilles d'appel.
- CHAP. V. Des feuilles de journées.
- CHAP. VI. Des revues de liquidation.

TITRE IV. Des prestations en deniers.

- CHAP. Ier. Des demandes de fonds pour la solde et autres prestations en deniers.
- CHAP. II. De la destination et de la distribution des fonds perçus pour la solde et les autres prestations en deniers.
  - SECTION Ire. De la distribution de la solde aux officiers.
  - SECTION II. *Idem*...................... à la troupe.
  - SECTION III. De la masse de linge et chaussure.
  - SECTION IV. De la masse d'entretien.

TITRE V. De la vérification de la comptabilité des corps, par les membres de l'intendance.

- CHAP. Ier. Dispositions générales.
- CHAP. II. De la vérification de la comptabilité en deniers.
- CHAP. III. Des réintégrations en caisse.

TITRE VI. De la suspension du paiement de la solde et des dépenses acquittables comme elle.

Ordonnance du Roi portant Règlement sur le Traitement et les Revues de l'Armée de terre, et sur l'Administration intérieure des Corps de Troupes.

Au château des Tuileries, le 19 mars 1823.

LOUIS, par la grâce de Dieu, ROI DE FRANCE ET DE NAVARRE;

Voulant asseoir sur des bases fixes et uniformes les règles d'administration du service de la solde, et en coordonner le système avec l'organisation actuelle de nos armées de terre, en y apportant les améliorations dont une longue expérience a fait sentir la nécessité;

Voulant aussi obtenir une plus forte garantie d'ordre et d'économie dans les dépenses de cette branche de service, et faciliter en même temps les opérations des agens appelés à en exercer le contrôle;

Sur le rapport de notre Ministre secrétaire d'État de la guerre,

Nous avons ordonné et ordonnons ce qui suit:

Ire PARTIE.

DES RÈGLES A SUIVRE POUR LES ALLOCATIONS.

TITRE Ier.

DISPOSITIONS PRÉLIMINAIRES.

Fixation de la solde et autres prestations tant en deniers qu'en nature.

ART. 1er. On distingue deux espèces de prestations, celles en deniers et celles en nature.

Les prestations en deniers comprennent la solde, les accessoires de la solde et les masses.

Les prestations en nature se composent des fournitures de subsistance et de chauffage, du logement et du gîte et geolage.

Ces différentes prestations sont fixées par le tarif joint à la présente ordonnance; elles sont allouées selon les règles ci-après déterminées.

TITRE II.

DES PRESTATIONS EN DENIERS.

CHAPITRE Ier.

De la Solde.

SECTION Ire.

Dispositions générales.

Désignation des différentes espèces de solde.

2. La solde d'activité se divise en solde de présence et en solde d'absence.

La solde de présence diffère dans les circonstances ci-après :

1° En station sur le pied de paix ;
2° En route ;
3° Sur le pied de guerre ;
4° En disponibilité.

La solde d'absence se modifie suivant les positions ci-après :

1° En congé ou en semestre ;
2° A l'hôpital ;
3° A l'hôpital en état de semestre ;
4° En détention ;
5° En captivité ;
6° En congé illimité.

Principes généraux sur l'activité de service et sur les droits qui en dérivent.

3. Aucun militaire ou employé militaire ne peut jouir d'une solde quelconque d'activité, s'il n'est pas en activité de service.

Nul militaire ou employé militaire ne peut être considéré comme étant en activité de service, qu'autant qu'il a été pourvu de lettres de service par le Ministre secrétaire d'état de la guerre, et qu'à dater du jour où il entre en service.

Néanmoins les officiers en disponibilité sont considérés, sous le rapport de la solde, comme en activité de service.

Les officiers sans troupe ou employés militaires entrent en service lorsqu'ils prennent possession de leur emploi, ou lorsqu'ils se mettent en route pour en aller prendre possession.

L'officier de troupe entre en service lorsqu'on le reçoit, sous les drapeaux, ou lorsqu'il se met en route pour se rendre à sa destination.

Les recrues entrent en service du jour où ils se mettent en route, soit pour se rendre au chef-lieu de réunion, soit pour rejoindre les corps auxquels ils sont destinés.

Les enrôlés volontaires entrent en service du jour où leur engagement est reçu par l'autorité civile.

Les militaires et employés militaires en congé continuent d'être en activité de service.

A l'armée, l'aide de camp dont le général a été tué ou fait prisonnier de guerre, reste attaché à l'état major général, et conserve ses droits à la solde d'activité, jusqu'à ce qu'il lui ait été donné une autre destination.

4. L'activité de service cesse le lendemain du jour où l'on reçoit l'ordre de quitter le service.

Elle cesse, pour l'officier démissionnaire, le lendemain du jour où l'acceptation de sa démission lui a été notifiée.

Les officiers sans troupe et employés militaires, prisonniers de guerre, cessent d'être en activité de service du jour où ils rentrent des prisons de l'ennemi, soit en vertu d'un cartel d'échange ou sur parole.

Les militaires, prisonniers de guerre, qui appartiennent à des corps, ne cessent point d'être en activité de service au jour de leur rentrée, à moins qu'ils n'aient été mis en liberté sur parole.

Interdiction de tout cumul.

5. Aucune solde d'activité ne peut être cumulée avec la pension de retraite, ni avec le traitement de réforme.

Militaire remplissant les fonctions d'un grade supérieur ou inférieur au sien.

6. Tout militaire ou employé militaire commissionné pour remplir des fonctions attribuées à un grade supérieur au sien, n'a droit qu'à la solde attribuée à son grade.

S'il est commissionné pour remplir l'emploi d'un grade inférieur au sien, il ne reçoit que la solde de ce grade inférieur.

Militaires proposés pour les invalides ou la retraite.

7. Tout militaire proposé pour les invalides, les compagnies sédentaires ou la pension de retraite, devant rester à son poste ou à son corps jusqu'au jour inclus de la réception de l'avis officiel de son admission à l'une de ces récompenses, continue à jouir de la solde de présence jusqu'à cette époque.

Solde due aux militaires décédés.

8. La solde due par l'état aux officiers et employés militaires décédés est acquise, jusqu'au jour inclus de leur décès, aux héritiers ou ayans droit.

9. La solde due à quelque titre que ce soit, aux sous-officiers et soldats morts ou désertés, est acquise à l'état.

Canonniers gardes-côtes.

10. Les officiers, sous-officiers et soldats des compagnies de canonniers gardes-côtes sédentaires, ne sont payés de la solde qui leur est attribuée, que pour les journées de service effectif aux batteries ou sur les côtes.

SECTION II.

Positions donnant droit à la Solde de présence.

---

§. Ier. *Solde en station sur le pied de paix.*

Entrée en jouissance de la solde de présence.

11. L'officier pourvu de lettres de service, l'employé militaire commissionné, l'homme appelé et l'enrôlé volontaire, ont droit à la solde d'activité du jour de leur entrée en service, telle qu'elle est déterminée par l'article 3.

Toutefois, l'homme de recrue et l'enrôlé volontaire voyageant isolément n'ont droit qu'à l'indemnité de route, jusqu'au jour inclus de leur arrivée au corps.

Élèves des écoles militaires nommés officiers.

12. Les élèves des corps royaux de l'état major, de l'artillerie, du génie et des ingénieurs-géographes, sortant des écoles d'application pour passer à des emplois d'officier, ont droit à la solde de congé du grade qui leur a été conféré, et ce à partir du jour déterminé par leurs lettres de nomination, jusqu'à celui de leur entrée au service exclusivement.

La même mesure est applicable aux élèves sortant des écoles royales spéciales militaires avec le grade de sous-lieutenant.

Officiers changeant de destination ou promus à un grade supérieur.

13. L'officier sans troupe ou l'employé militaire qui est mis en activité dans le lieu de son domicile, ou qui, promu à un grade supérieur étant en activité de service, ne change pas de résidence, jouit de la solde affectée à son emploi ou à son nouveau grade à compter du jour où il a reçu l'avis de sa nomination.

La réception de cet avis, qui est considérée comme prise de possession, n'a de date légale que celle du *visa* de l'intendant ou du sous-intendant militaire employé sur les lieux, ou, à son défaut, du commandant de la place.

S'il change de résidence par suite de cette nomination, il n'a droit à cette solde qu'à compter du jour de son départ.

14. L'officier sans troupe ou l'employé militaire qui, à l'époque de sa promotion, se trouve absent de son poste par congé, jouit de la solde affectée à son nouveau grade à compter du jour

où il est de retour à sa résidence ; et l'officier qui appartient à un corps, à compter du jour où il est reçu dans son nouveau grade, après son retour au corps.

Le retour est constaté par la date du *visa* du sous-intendant militaire sur la pièce qui a autorisé l'absence ; en conséquence, cette pièce doit lui être communiquée immédiatement après l'arrivée de l'officier.

Cependant si l'officier ou l'employé militaire dans la position ci-dessus prévue reçoit, avec l'avis de sa promotion, l'ordre de se rendre sans délai à sa destination, et s'il l'exécute immédiatement, il est rappelé de la solde attribuéee à son nouveau grade, à compter du jour de son départ.

15. Les officiers présens qui montent à de nouveaux grades dans leurs corps, et les sous-officiers, également présens, promus dans leurs corps au grade d'officier, sont payés de la solde affectée à leur nouveau grade à compter du jour de leur réception.

Les chefs de corps ne font recevoir dans leur nouveau grade les officiers promus, que sur la représentation de l'avis officiel de leur promotion, visé par le sous-intendant militaire.

16. Tout officier ou employé militaire qui, à l'époque de sa promotion, se trouve absent par mission autorisée de la manière qui sera indiquée à l'article 24, ou détaché pour le service du recrutement, entre en jouissance de la solde affectée à son nouveau grade, à compter du jour où il reçoit l'avis de sa promotion. La réception de cet avis doit être constatée comme il est expliqué à l'article 13.

Cette disposition est applicable aux officiers en disponibilité.

17. L'officier passant d'un corps dans un autre par l'effet d'une promotion est payé de la solde affectée à son ancien grade jusqu'au jour exclus de son départ ; à dater de cette époque et après son arrivée à sa destination, il est rappelé de la solde attribuée à son nouveau grade. L'arrivée doit être constatée par le *visa* du sous-intendant militaire sur la feuille de route de l'officier.

Sous-officiers et soldats promus ou changeant de corps.

18. Les hommes promus, sans changer de corps, à un nouveau grade dans la classe des sous-officiers et caporaux, sont payés de la solde affectée à ce grade, à compter du jour de leur réception.

Ceux passant des compagnies du centre dans celles de grenadiers, de carabiniers ou de voltigeurs, ont droit à la solde des compagnies d'élite du jour de leur passage, s'ils ont accompli une année de service.

19. Les sous-officiers et soldats passant isolément d'un corps dans un autre par l'effet d'une promotion, sont rappelés à leur nouveau

corps, pour le temps de la route, de la solde attribuée à leur nouveau grade, à compter du jour de leur départ.

Ce rappel a lieu sur le pied de la solde avec vivres de campagne.

20. Les sous-officiers et soldats passant des corps de la ligne dans ceux de la garde royale, de l'artillerie et du génie, continuent à toucher leur ancienne solde jusqu'au jour exclus de leur admission dans leurs nouveaux corps. A partir de ce jour, ils ont droit à la solde de l'arme et de la classe dans laquelle ils entrent.

Les hommes de recrue et les enrôlés volontaires pour la garde royale et les armes spéciales reçoivent pour le temps de leur route, lorsqu'ils sont réunis en détachement, et jusqu'au jour exclus de leur admission, la solde fixée par le tarif, nº 44 (1).

Militaires passant dans les colonies.

21. Les militaires ou employés militaires, passant dans les colonies avec l'expectative d'un grade supérieur à celui dont ils sont pourvus, continuent à percevoir la solde de leur ancien grade, jusqu'au jour de leur arrivée à destination.

Colonel nommé maréchal-de-camp et continuant ses fonctions.

22. Le colonel qui, promu au grade de maréchal de camp, continue à commander son régiment, ne peut prétendre qu'à la solde de de son ancien grade, jusqu'à ce qu'il en ait quitté les fonctions.

Semestriers rappelés avant l'expiration de leurs congés.

23. Les officiers, sous-officiers et soldats qui, étant en semestre ou en congé, sont rappelés avant l'expiration de leur semestre, ont droit à la solde, cumulativement avec l'indemnité de route, et ce à compter du jour de leur départ.

Ce rappel s'effectue sur le pied de la solde de paix en station, moins quinze centimes, pour les sous-officiers et soldats des corps qui jouissent d'un accroissement de solde en temps de guerre; et à l'égard des autres, sur le pied de la solde avec vivres de campagne.

Officiers en mission.

24. Tout officier, envoyé en mission par le Ministre secrétaire d'état de la guerre, ou, en cas d'urgence, par le général commandant une armée ou une division territoriale, a droit à la solde d'activité pendant le temps de son absence; mais, à moins d'ordres contraires du Ministre, il ne peut en être rappelé qu'à son retour à son corps ou à son poste.

---

(1) Les dispositions de cet article sont applicables aux hommes destinés à servir dans le corps des sapeurs-pompiers de la ville de Paris; mais les paiemens et les fournitures qui leur sont faits en route, sont considérés comme avances remboursables par l'administration de ce corps.

L'ordre ou l'autorisation dont il est porteur doit être visé par le sous-intendant militaire, tant au moment de son départ qu'à celui de son retour, pour constater le temps de son absence.

S'il dépasse, sans cause légitime, le temps fixé pour sa mission, il ne peut obtenir le rappel de sa solde sans une décision ministérielle.

Officiers membres de tribunaux militaires.

25. Tout officier en activité de service, appelé à faire partie d'un conseil de guerre ou de révision, jouit de son traitement d'activité.

L'officier de troupe remplissant près d'un tribunal militaire les fonctions de rapporteur ou de substitut, et qui, nonobstant le départ de son régiment, se trouve retenu pour l'instruction d'une affaire, conserve également ses droits au traitement d'activité comme s'il était présent à son corps. La durée de sa mission doit être constatée par un certificat du président du tribunal.

Militaires appelés en témoignage.

26. Les officiers, sous-officiers et soldats appelés en témoignage devant les tribunaux civils ou les conseils de guerre, sont rappelés de leur solde pour le temps de leur absence, après leur retour à leur corps ou à leur poste, et sur le pied déterminé par l'article 23. Le rappel n'a lieu que sur un certificat délivré par le président du tribunal, constatant le jour où leur présence a cessé d'être nécessaire, et qu'autant qu'ils sont partis immédiatement.

Lorsque des sous-officiers et soldats d'un même corps appelés en témoignage sont réunis en détachement, ils reçoivent au titre de leur corps, depuis le jour de leur départ jusqu'à celui de leur rentrée, la solde de route ou de station, selon leur position.

27. Tout militaire en congé ou en semestre, cité en témoignage devant un tribunal civil ou militaire siégeant hors du lieu de sa résidence, est rappelé de sa solde d'activité depuis le jour de son départ dudit lieu jusqu'à celui de sa rentrée dans ses foyers ou à son corps.

S'il est cité dans le lieu de son domicile, la disposition ci-dessus ne lui est point applicable; mais s'il y est retenu au-delà du terme de son congé ou de son semestre, il a droit au rappel de la solde d'activité à dater du lendemain de l'expiration dudit congé ou semestre.

Ces rappels ne peuvent être effectués que sur la production du certificat exigé par l'article précédent.

Garnisaires.

28. Les sous-officiers et soldats employés comme garnisaires ont droit à la solde d'activité depuis le jour de leur départ jusqu'à celui de leur rentrée, et ce sur le pied déterminé en l'article 23.

Militaires rentrant des prisons de l'ennemi.

29. L'officier appartenant à un corps de troupe, et qui rentre des prisons de l'ennemi en vertu d'un cartel d'échange, a droit à la solde

d'activité de la dernière classe de son grade, à dater du jour de sa rentrée en France, s'il rejoint immédiatement son corps.

30. Les sous-officiers et soldats venant des prisons de l'ennemi, rentrent en solde à compter du jour de leur arrivée en France, s'ils sont en nombre suffisant pour former détachement : dans le cas contraire, ils n'ont droit qu'à l'indemnité de route, jusqu'au jour inclus de leur retour au corps.

Tambours et clairons.

31. L'accroissement de dix centimes par jour, qui fait partie de la solde des caporaux-tambours, tambours et clairons, dans l'infanterie, leur est payé dans toutes les positions, excepté celles de congé et de captivité.

Enfans de troupe.

32. Les enfans de troupe entrent en solde du jour de leur admission.

Classement des officiers dans l'infanterie et la cavalerie.

33. Le classement dans les régimens d'infanterie ne pouvant avoir lieu qu'à l'époque des revues générales d'inspection, les capitaines et lieutenans admis ou promus dans l'intervalle d'une revue à l'autre, ne reçoivent, quelle que soit leur ancienneté, et jusqu'à la revue suivante, que la solde affectée à la deuxième classe de leur grade.

Toutefois le Ministre de la guerre peut, lorsque les circonstances l'exigent, autoriser les officiers généraux commandant les divisions actives, à confirmer définitivement les nominations aux emplois d'officiers dans les compagnies d'élite.

Les capitaines et lieutenans en second de cavalerie arrivent par ancienneté aux emplois de capitaine-commandant et de lieutenant en premier, en cas de vacance de ces emplois seulement, et lorsqu'ils ont été classés par les inspecteurs généraux. En conséquence, ces officiers ont droit à la solde de la classe supérieure, à compter du jour où ils prennent possession de leur nouvel emploi.

Les officiers des mêmes grades qui arrivent au corps dans l'intervalle d'une revue à l'autre, ne reçoivent, comme ceux de l'infanterie, que la solde de la dernière classe de leur grade.

34. Le nombre des lieutenans de première classe fixé par les ordonnances d'organisation des régimens d'infanterie et de cavalerie ne peut être excédé que dans les cas suivans : les trésoriers et les officiers d'habillement de ces corps, pourvus du grade de lieutenant, jouissent de la solde affectée à la première classe, lorsque leur ancienneté les y appelle, et ce en dehors du nombre des lieutenans de première classe déterminé par les ordonnances.

Le même avantage est accordé à ces officiers lorsqu'ils sont pourvus du grade de capitaine, et que leur ancienneté les porte à la première classe.

35. Les capitaines et lieutenans des corps d'infanterie et de cavalerie mis à la suite, soit par l'effet d'une nouvelle organisation, soit parce qu'ils sont remplacés étant dans les prisons de l'ennemi, ou pour tout autre motif, n'ont droit qu'à la solde de la dernière classe de leur grade, jusqu'à ce qu'ils aient été placés comme titulaires et qu'ils aient été classés.

36. La solde de première classe accordée aux capitaines d'infanterie commandant les compagnies de grenadiers ou carabiniers, étant attribuée aux fonctions, celui qui est nommé à cet emploi jouit de la solde qui y est affectée à compter du jour de sa réception en cette qualité, et sans attendre la revue d'inspection.

S'il vient à passer ensuite au commandement d'une compagnie de fusiliers, chasseurs ou voltigeurs, il ne jouit plus que de la solde de la seconde classe, jusqu'à ce que, par ancienneté de service, il soit porté à la première classe par l'inspecteur général, ainsi qu'il est dit à l'article 33.

Classement dans l'artillerie et le génie.

37. Le passage de la seconde classe à la première, dans les corps de l'artillerie et du génie, étant considéré comme une promotion, les officiers de ces deux armes, quelles que soient leurs fonctions, jouissent de la solde affectée à la classe dont ils deviennent titulaires, conformément aux règles tracées pour l'allocation de la solde des officiers promus.

Lieutenans aides-majors.

38. Les lieutenans employés comme aides-majors dans les régimens d'infanterie, de cavalerie, d'artillerie ou du génie, ont droit au traitement de la seconde classe de leur grade dans les corps où ils sont employés.

§. II. *De la solde en route.*

Solde de route ; à qui allouée.

39. Les corps et détachemens ont seuls droit à la solde de route. Pour former un détachement, il faut être au moins six hommes réunis du même corps. Cependant le détachement qui est réduit en route au-dessous de six hommes, continue à recevoir la solde de route jusqu'à sa destination.

Comment allouée.

40. La solde de route est allouée pour toutes les journées de marche et de séjour, y compris le jour du départ et celui d'arrivée à destination.

Elle n'est point due pour un mouvement de troupes qui n'exige qu'un jour de marche.

41. Lorsqu'une troupe se rend de l'intérieur du royaume à une armée stationnée hors du royaume, elle a droit à la solde de route jusqu'au jour inclus de son arrivée à la frontière. Si elle quitte cette armée pour se rendre dans l'intérieur, elle a droit à la solde de route à compter du jour où elle passe la frontière, pourvu que, dans l'un et l'autre cas, elle ne jouisse pas des vivres de campagne.

Lorsqu'une troupe se rend du lieu de sa garnison à une armée stationnée dans l'intérieur du royaume, elle jouit de la solde de route jusqu'au jour inclus de son arrivée à sa destination, lors même que, pour y arriver, elle serait obligée de marcher dans l'arrondissement de l'armée.

Si elle quitte une armée stationnée dans l'intérieur du royaume pour se rendre au lieu de sa garnison, elle a droit à la solde de route à compter du jour où elle se met en mouvement pour se rendre à sa destination, quel que soit le point de départ.

Les troupes en marche faisant partie d'une armée ou d'un rassemblement sur le pied de guerre, et en général toutes celles qui jouissent des vivres de campagne, ne peuvent prétendre à la solde de route.

Militaires isolés.

42. Lorsque les hommes mis en route ne sont pas en nombre suffisant pour former détachement, ils sont rappelés, à leur destination, de leur solde sur le pied déterminé par l'art. 23, et ce indépendamment de l'indemnité de route qui leur est allouée pendant le voyage.

La même disposition est applicable aux hommes envoyés en ordonnance à plus de six lieues de leurs corps, et généralement à tout sous-officier et soldat voyageant isolément pour objet de service.

§ III. *De la Solde sur le pied de guerre.*

Cas où la solde de guerre est due.

43. Aucune armée, aucune troupe ou rassemblement de troupes, ne peut jouir de la solde de guerre, ni passer du pied de guerre au pied de paix, sans une décision royale.

Les troupes faisant partie de la garnison d'une place mise en état de siége, et les employés militaires attachés au service de cette place, ne peuvent avoir droit à la solde de guerre, ni passer du pied de guerre au pied de paix, qu'en vertu d'une semblable décision.

44. Les officiers sans troupe et les corps ne peuvent jouir de la solde de guerre, sauf l'exception résultant de l'article 45, qu'autant qu'ils font partie d'une armée ou d'un rassemblement mis sur le pied de guerre, ou de la garnison d'une place en état de siége,

et seulement pour les journées de présence dans ces armées, rassemblement ou place.

En conséquence, lorsqu'ils reçoivent l'ordre de se rendre à une armée ou à un rassemblement de troupes mis sur le pied de guerre, ils ne commencent à jouir du supplément de guerre qu'à compter du jour où ils passent la frontière, si l'armée ou le rassemblement se trouve hors du royaume; et dans le cas contraire, qu'à compter du lendemain du jour où ils sont arrivés au lieu de destination indiqué dans leurs feuilles de route.

Quand ils reçoivent l'ordre de quitter l'armée, ils cessent d'avoir droit à la solde de guerre à compter du jour où ils passent la frontière; et si l'armée se trouve dans l'intérieur du royaume, à compter du jour de leur départ.

45. Les officiers sans troupe et les corps de troupe jouissant d'une solde de guerre, en conservent la jouissance sans interruption, lorsqu'ils passent d'une armée ou d'un rassemblement à une autre armée ou rassemblement qui jouit de la même solde.

Solde de vaguemestre.

46. La solde de vaguemestre d'un corps est considérée comme solde de guerre; elle ne peut être payée qu'aux armées et rassemblemens où les supplémens de guerre sont dus, et pour les journées de service effectif dans cet emploi. Cette solde ne peut être cumulée avec celle affectée au grade.

L'accroissement de solde accordé aux officiers chargés de l'emploi de vaguemestre général d'armée ne doit être alloué que d'après les règles prescrites à l'égard de la solde des vaguemestres des corps.

§ IV. *De la Solde de disponibilité.*

Incompatible avec tout autre traitement militaire.

47. La solde de disponibilité ne peut jamais être cumulée avec aucune espèce de supplément ni d'accessoire de solde.

Payable au lieu de la résidence.

48. Les officiers en disponibilité jouissent de leur traitement dans le lieu où ils résident avec l'approbation du Ministre secrétaire d'état de la guerre.

Changement de résidence et absence légale.

49. Aucun officier jouissant de la solde de disponibilité ne peut changer de domicile qu'après en avoir obtenu la permission du Ministre.

Il ne peut également s'absenter de son arrondissement qu'avec l'autorisation du lieutenant général commandant la division militaire. Cette autorisation doit être présentée au *visa* du sous-intendant militaire, tant au moment du départ de l'officier qu'à son retour.

50. L'officier en disponibilité qui s'absente légalement de son domicile, est rappelé de sa solde à son retour. Il ne peut en être payé pendant la durée de son absence, qu'en vertu d'une décision spéciale du Ministre.

Cas d'absence illégale.

51. L'officier en disponibilité qui s'absente de son domicile sans autorisation légale, n'a droit à aucun rappel de solde pour tout le temps de son absence.

Incompatibilité de cette solde avec tout traitement civil.

52. La solde de disponibilité est incompatible avec l'exercice de toutes fonctions publiques et de tous emplois entraînant la jouissance de traitemens, remises ou honoraires au compte de l'État ou des communes.

Tout officier en disponibilité qui accepte un des emplois ou fonctions énoncés ci-dessus, est tenu d'en faire la déclaration, dans le mois qui suit sa nomination, à l'intendant ou sous-intendant militaire de l'arrondissement dans lequel il se trouve.

§ V. *Des Délégations.*

Délégations ; cas où elles sont autorisées.

53. Les officiers de troupe et sans troupe et les employés militaires destinés à passer aux colonies, peuvent déléguer en faveur de leurs familles ou d'un tiers, le quart de la solde du grade dont ils sont pourvus au moment de leur départ.

Formalités qu'elles entraînent.

Ceux qui veulent user de cette faculté, sont tenus d'en donner, avant leur départ, leur déclaration au sous-intendant militaire de l'arrondissement; cette déclaration porte énonciation des noms, prénoms armes, grades ou emplois des délégans; du montant de leur solde; de la portion déléguée; de l'époque à commencer de laquelle elle doit être payée; des noms, prénoms et demeures des personnes autorisées à la toucher, et de celles qui doivent leur être substituées, en cas de mort ou de refus des personnes auxquelles ils font la délégation.

Le sous-intendant fait mention des délégations et de leur montant, d'une manière détaillée, sur les livrets des officiers sans troupe et employés militaires qui ont délégué, ou sur le livret du corps ou détachement destiné à être embarqué, lorsque le délégant appartient à ce corps ou détachement. Cette mention doit être répétée au dos des brevets, lettres de service ou commissions desdits militaires.

Lorsque les livrets sont renouvelés, conformément à l'article 325, ou lorsque les délégans obtiennent de nouvelles commissions ou lettres de service, la mention est répétée sur les nouveaux livrets, ou sur les nouvelles commissions ou lettres de service.

Les déclarations de délégations sont visées par les sous-intendans militaires, qui énoncent au bas qu'ils ont fait sur les livrets, brevets, lettres de service ou commissions, les mentions ci-dessus prescrites; et elles sont envoyées par ces fonctionnaires à l'administrateur de la marine du lieu de l'embarquement, pour être transmises au Ministre secrétaire d'état de la marine, qui donne les ordres nécessaires pour le paiement des délégations.

54. Les délégations mentionnées en l'article précédent ne peuvent avoir d'effet que pour une année : néanmoins, si l'absence des délégans se prolonge au-delà, la délégation peut être renouvelée pour une autre année, dans les formes qui sont indiquées par l'administration de la colonie où l'officier est employé. Si la déclaration de délégation n'est pas renouvelée, il ne doit plus être fait aucun paiement après l'année révolue.

55. Les dispositions des deux articles précédens sont applicables, sauf les modifications ci-après, 1° aux officiers et employés militaires destinés à passer en Corse ; 2° à ceux qui sont embarqués pour toute autre destination que les colonies; 3° à ceux qui, en cas de guerre, font partie d'une armée active employée hors du royaume.

Les déclarations de délégations sont envoyées, par les sous-intendans militaires qui les visent, au Ministre secrétaire d'état de la guerre, qui donne les ordres nécessaires pour le paiement des sommes déléguées.

Le renouvellement des délégations des officiers employés en Corse ou à une armée active se fait par-devant les sous-intendans militaires sous la police administrative desquels ces officiers se trouvent placés.

56. Les officiers partis sans faire de déclaration de délégation, et qui desirent obtenir cette facilité, y sont admis en remplissant les formalités prescrites par les articles précédens.

57. Toute délégation cesse de plein droit un mois après la rentrée du délégant dans l'intérieur du royaume.

58. Toute délégation de traitement est interdite, sauf les cas énoncés ci-dessus, et les exceptions particulières que le Ministre secrétaire d'état de la guerre juge à propos d'autoriser.

Section III.

Position donnant droit à la Solde d'absence.

§ 1er. *De la Solde de congé.*

Nul ne peut s'absenter qu'en vertu d'un congé ou d'une permission.

59. Les militaires ne doivent, hors les cas de maladie ou de mission s'absenter de leur poste ou de leur corps qu'en vertu de permissions ou de congés.

L'absence des membres du corps de l'intendance militaire, ainsi que celle des employés militaires, ne doit avoir lieu qu'en vertu de congés.

60. La durée des permissions et congés comprend le temps de l'aller et du retour.

Permissions ; par qui accordées.

61. Les permissions sont accordées, savoir :

Aux officiers sans troupe, par les officiers généraux sous les ordres desquels ils sont placés ;

Aux officiers, sous-officiers et soldats des corps de troupe, conformément aux dispositions des ordonnances portant règlement sur le service intérieur de ces corps.

Les permissions ne peuvent excéder le terme de huit jours.

Lorsque l'absence doit être de plus de huit jours, elle est autorisée par un congé.

Différentes sortes de congés.

62. Il y a trois espèces de congés :

Les congés de semestre,

Les congés de convalescence,

Les congés de faveur ou pour affaires personnelles.

Droits résultant des congés et permissions.

63. Les militaires en permission d'absence, congé de semestre ou de convalescence, ont droit à la solde de congé, telle qu'elle est fixée aux tarifs.

Les congés de faveur sont accordés avec ou sans solde, par décisions ministérielles ; le Ministre de la guerre accorde, lorsqu'il le juge convenable, des congés de convalescence avec solde entière.

Les prolongations de permission, congés de semestre et de faveur, sont toujours sans solde.

Officiers allant exercer leur droit d'électeur.

64. Les dispositions de l'article précédent ne sont point applicables aux officiers qui s'absentent par congé pour aller exercer leur droit d'électeur, ou qui, étant déjà en congé, obtiennent des prolongations pour le même objet.

Les premiers jouissent, si leur position militaire ne change point durant les élections, de la solde, des accessoires de solde et des indemnités auxquelles ils ont droit quand ils sont présens à leurs corps, à l'exception toutefois du supplément de Paris et de l'indemnité de représentation, celle-ci étant acquise à leurs suppléans, conformément aux dispositions des articles 163 et 168.

Les derniers ont droit au même traitement pour le temps de la prolongation seulement.

La durée de leur absence ne peut excéder le temps nécessaire pour le voyage et la tenue du collége électoral. Ceux qui outrepassent ce temps, perdent leurs droits au rappel de leur solde.

Les officiers en congé de semestre ou autre, qui se rendent aux élections pendant la durée dudit congé seulement, n'ont droit qu'au traitement affecté à leur position.

Officiers appelés à siéger dans l'une des deux chambres, ou à faire leur service à la cour.

65. Les officiers appelés à siéger dans l'une des chambres, conservent durant les sessions, si leur position militaire n'est point changée dans cet intervalle, la jouissance du traitement dont ils sont en possession au moment de la convocation des chambres.

Toutefois il n'est point dérogé en faveur de ces officiers aux dispositions des articles 165, 166 et 168 concernant l'indemnité de représentation.

Les dispositions du présent article sont applicables aux officiers qui, étant pourvus d'emplois civils à la cour, quittent momentanément leur poste ou leur résidence pour venir faire leur service auprès du Roi. Néanmoins ceux de ces officiers qui ont un commandement à Paris, conservent l'indemnité de représentation à laquelle leur position militaire peut leur donner droit.

Congés à l'étranger et aux colonies.

66. Les congés accordés pour aller en pays étranger ne donnent droit à aucune solde.

Les congés avec solde accordés pour passer aux colonies, ne peuvent donner droit à plus de six mois de traitement, lors même qu'ils excéderaient ce terme.

Congés de semestre.

67. Les congés de semestre sont accordés aux officiers, sous-officiers et soldats des corps de troupe, par les inspecteurs généraux d'armes, lors de leur revue d'inspection.

Après ce terme les lieutenans généraux commandant les divisions militaires sont autorisés à en délivrer de temporaires pendant le reste de la saison des semestres, et ces congés sont également avec solde.

Le nombre de ces semestres et congés temporaires ne doit, dans aucun cas, excéder celui fixé par les ordonnances et instructions spéciales.

La saison des semestres commence au 1er octobre, ou le lendemain de la revue d'inspection, si elle n'a pu être close à cette époque, et finit au 1er avril.

68. Les officiers qui se trouvent en congé au moment de la délivrance des semestres, devant, de fait, être considérés comme semestriers pour le temps de leur congé qui dépasse le 1er octobre ou l'époque à laquelle le corps a pris le semestre, sont, à partir de cette

époque, traités comme semestriers sous le rapport de la solde, s'ils acceptent le semestre. Dans le cas contraire, ils doivent être de retour au corps le jour même de l'expiration de leur congé, sous peine de perdre tout droit au rappel de la solde qui peut leur être due.

69. Les officiers, sous-officiers et soldats qui, désignés pour aller en semestre, partent avant le jour fixé pour le départ des semestriers du corps, n'ont droit à aucune espèce de rappel pour le temps de leur absence.

70. Les colonels, lieutenans-colonels, majors et aide-majors, les aumôniers, officiers d'habillement, trésoriers et chirurgiens ne peuvent s'absenter plus de huit jours sans un congé spécial délivré par le Ministre de la guerre. Ceux d'entr'eux à qui il en est accordé pour leur tenir lieu de semestre, sont traités, quant à la solde, comme les semestriers.

Congés de convalescence.

71. Les congés de convalescence et les prolongations de ces congés sont accordés par le Ministre secrétaire d'état de la guerre; néanmoins les officiers, autres que ceux désignés en l'article 70, ainsi que les sous-officiers et soldats des corps de troupe, peuvent en obtenir des lieutenans généraux commandant les divisions.

Dans ce dernier cas, ces officiers généraux ne doivent accorder un premier congé que pour trois mois au plus, avec solde, sauf à donner plus tard un second congé, également avec solde, qui ne peut jamais dépasser la même durée. Ces deux congés successifs ne doivent être considérés que comme un seul congé de convalescence, dont la durée ne peut excéder six mois.

Ces dispositions sont applicables aux militaires qui, étant éloignés de leurs corps, obtiennent, des lieutenans généraux commandant sur les lieux, des congés ou prolongations de congé de convalescence.

Congés de faveur.

72. Ainsi qu'il est dit à l'article 63, la délivrance des congés de faveur appartient au Ministre secrétaire d'état de la guerre; toutefois les lieutenans généraux commandant les divisions ont la faculté d'en accorder mais sans solde, aux officiers des corps, pourvu que leur durée n'excède pas un mois.

Aides de camp des généraux en congé.

73. Les aides de camp d'un officier général en congé, qui continuent à exercer leurs fonctions près de l'officier général ou supérieur chargé du commandement en l'absence du titulaire, continuent aussi à jouir de leur solde de présence.

Visa des congés et permissions avant le départ.

74. Tout militaire qui obtient une permission de s'absenter ou un congé, de quelque espèce qu'il soit, est tenu, avant son départ, de

le présenter au *visa* du sous-intendant militaire. En cas d'absence de ce fonctionnaire, la formalité du *visa* est remplie par le commandant de la place.

S'il s'agit d'un officier sans troupe, quel que soit son grade, le sous-intendant militaire, ou, à son défaut, le commandant de la place, indépendamment du *visa*, annote sur le livret de l'officier, la date, la nature et la durée du congé.

Les congés délivrés aux intendans militaires sont visés par le lieutenant général commandant la division; les congés des sous-intendans le sont par les maréchaux de camp commandant les subdivisions.

Ce *visa* est toujours daté.

Militaires en congé; comment rappelés.

75. Les militaires qui obtiennent des semestres ou congés, sont payés de leur traitement d'activité jusqu'au jour de leur départ exclusivement. A leur retour, ils sont rappelés de la solde à laquelle ils ont droit pour le temps de leur absence.

Ceux qui reçoivent une autre destination pendant le temps de leur congé, sont rappelés de la solde d'absence au titre du nouveau corps.

76. En aucun cas, les militaires ne peuvent être payés de leur solde de congé pendant leur absence, sans une décision spéciale du ministre, et sans la production d'un certificat délivré par le conseil d'administration de leur corps, et constatant qu'ils ne sont passibles d'aucune retenue.

Militaires rejoignant avant l'expiration de leurs congés.

77. Tout officier en congé ou en semestre, ayant la faculté de rentrer à son corps avant l'expiration de son congé, recouvre ses droits à la solde d'activité le lendemain de son retour.

Cas où le corps change de garnison.

78. Lorsqu'un corps change de garnison, les militaires de ce corps qui se trouvent alors en congé ou en semestre, sont considérés comme rendus à leur poste, quand, n'ayant point été informés à temps de ce mouvement, ils arrivent à l'ancien lieu de garnison à l'expiration de leurs congés.

Ils ont droit, à partir de ce jour, à la solde entière, et à l'indemnité de route, s'ils ne forment pas un détachement.

79. Les militaires qui, étant en congé de semestre ou autre, sont informés du changement de garnison de leurs corps, doivent se diriger sur le lieu de la nouvelle garnison, et rentrer en jouissance de la solde de présence à dater du lendemain de leur arrivée dans ce lieu, lors même qu'ils y devanceraient le corps.

Néanmoins il leur suffit d'y être rendu en même temps que le corps, nonobstant l'expiration de leur congé; dans ce cas, le congé est considéré comme expiré seulement du jour de leur arrivée.

Militaires qui dépassent les limites de leur congé.

80. Les militaires qui, étant en congé avec solde, rentrent après l'expiration de leur congé, ne reçoivent aucun rappel pour le temps de leur absence, à moins que leur retard n'ait été causé par maladie, et qu'ils n'en justifient, savoir :

Les officiers, par un certificat du médecin et du chirurgien de l'hôpital militaire, et, à son défaut, de ceux des hospices civils du chef-lieu de l'arrondissement, indiquant la nature de leur maladie et le temps qu'a exigé leur traitement.

Les sous-officiers et soldats, par des billets de sortie d'hôpitaux en bonne forme, ou, s'il n'ont pu se faire traiter à l'hôpital, par des certificats des officiers de santé ci-dessus indiqués.

Ces certificats doivent être soumis au *visa* motivé du sous-intendant militaire ou de l'officier général de l'arrondissement. Ce *visa* devra faire mention, en ce qui concerne les sous-officiers et soldats, de l'impossibilité de l'admission dans les hôpitaux.

81. Tout militaire qui, par exception, a été autorisé à toucher sa solde pendant le temps de son congé, et qui se trouve dans le cas d'exclusion prévu à l'article précédent, est tenu de rembourser au trésor royal les sommes qui lui ont été payées pour solde de congé. Ce remboursement s'effectue au moyen d'une retenue mensuelle du cinquième de sa solde d'activité.

82. Le militaire qui, étant en congé avec solde ou sans solde, n'a pu, pour cause de maladie constatée de la manière prescrite par l'article 80, rejoindre son corps ou son poste avant l'expiration de son congé, est considéré comme étant encore en congé avec ou sans solde, pour tout le temps écoulé depuis le jour où son congé a expiré, jusqu'au jour inclus de sa rentrée à son corps ou à son poste.

Epoque de la rentrée en jouissance de la solde d'activité.

83. Les militaires en congé avec solde ou sans solde ne peuvent rentrer en jouissance de la solde de présence que le lendemain du jour où ils ont rejoint leur corps ou leur poste, sauf le cas prévu par les articles 23 et 75.

Sous-officiers et soldats tenus de produire un certificat de bonne conduite.

84. Les sous-officiers ou soldats en congé de semestre ou autre, qui, à leur retour, ne rapportent pas un certificat de bonne conduite délivré par le maire de la commune dans laquelle ils ont résidé, sont privés de tout rappel pour le temps de leur absence.

Visa des congés au retour.

85. Tout militaire rentrant de congé est tenu de se présenter chez le sous-intendant militaire, ou en cas d'absence de ce fonctionnaire, chez le commandant de la place, pour faire constater

par un *visa*, sur son congé, la date de son retour à son corps ou à son poste.

L'intendant et le sous-intendant militaire doivent faire constater la date de leur retour à leur poste de la manière prescrite par l'article 74.

§ II. *De la Solde d'hôpital.*

Du droit à la solde d'hôpital.

86. La solde d'hôpital est due à tout officier, sous-officier et soldat en activité, depuis le jour inclus de son admission à l'hôpital du lieu, jusqu'à celui de sa sortie exclusivement.

Rappel de cette solde; comment effectué.

87. Lorsqu'un militaire sortant de l'hôpital externe est de retour à son corps ou à son poste, il est rappelé, sur la présentation de son billet de sortie, sauf le cas prévu par l'article 89, de la solde d'hôpital pour tout le temps qu'il y a séjourné. Il est rappelé en outre de sa solde, tant pour l'aller que pour le retour, sur le pied déterminé par l'article 23.

88. Le décompte des journées d'hôpital est fait, pour les officiers, sur le pied de trente jours par mois, pour les sous-officiers et soldats, à raison du nombre effectif de jours dont se compose chaque mois.

Cas où ce rappel n'est pas dû.

89. Tout sous-officier ou soldat qui, sans motif légitime, ne rejoint pas son corps immédiatement après sa sortie de l'hôpital, n'a droit à aucun rappel pour le temps de son absence.

90. Les hommes de recrue et les enrôlés volontaires qui tombent malades avant leur arrivée au corps, sont admis dans les hôpitaux; mais ils n'ont droit à aucun rappel pour le temps écoulé depuis leur entrée à l'hôpital jusqu'à leur arrivée au corps, si, pour le rejoindre, ils ont voyagé isolément.

Militaires allant aux eaux.

91. Les militaires autorisés à aller prendre les eaux dans les lieux où il existe des établissemens militaires, sont assimilés, sous le rapport de la solde, à ceux qui se rendent aux hôpitaux externes.

Les officiers conservent leur solde de présence dans le cas où, faute de place dans ces établissemens, ils ont été obligés de se faire traiter à leurs frais, ce qui doit être constaté par un certificat du sous-intendant militaire.

92. Lorsque des officiers malades ont besoin, en raison de la nature de leur maladie, d'aller prendre les eaux dans les lieux où il n'existe point d'établissement militaire, le Ministre secrétaire d'état de la guerre peut leur en accorder l'autorisation et leur conserver la solde de présence.

Ceux qui réclament cette autorisation, doivent justifier par certificat des officiers de santé de l'hôpital militaire le plus voisin du lieu de leur résidence, que l'usage des eaux auxquelles ils veulent se rendre leur est indispensable.

Pour obtenir ensuite le rappel de leur solde, ils ont à produire un autre certificat du médecin en chef de l'établissement, constatant le temps pendant lequel ils y ont été traités. Ce certificat doit être visé par le maire du lieu.

Admission des domestiques d'officiers dans les hôpitaux.

93. Les officiers employés aux armées actives ont le droit de faire admettre leurs domestiques dans les hôpitaux ou ambulances de l'armée. Ils signent les billets d'entrée, et mention de l'admission est faite sur les contrôles annuels, dans les colonnes destinées à constater les mutations de ces officiers.

Ils supportent, sur leur solde, une retenue de 1 fr. 30 cent. par chaque journée de séjour de leurs domestiques dans les hôpitaux. Cette retenue a lieu tant qu'ils ne produisent pas les billets de sortie.

§ III. *De la Solde d'hôpital en congé.*

Militaires en congé avec solde.

94. Les officiers, sous-officiers et soldats qui tombent malades, étant en congé avec solde, sont admis dans les hôpitaux sur la présentation de leurs congés. Le jour de l'admission et celui de la sortie sont annotés sur lesdits congés par le sous-intendant militaire qui a délivré le billet d'entrée.

A leur retour, il sont rappelés de la solde de semestrier à l'hôpital pour tout le temps pendant lequel ils y ont séjourné, et de la solde de semestre, pour les journées antérieures à leur entrée et pour celles postérieures à leur sortie.

Militaires en congé sans solde.

95. Les militaires qui tombent malades étant en congé sans solde, peuvent également être admis à l'hôpital. Leur entrée et leur sortie sont constatées suivant le mode prescrit à l'article précédent.

Après leur rentrée à leur corps ou à leur poste, les officiers subissent sur leur solde courante la retenue fixée par le tarif pour le temps de leur séjour à l'hôpital, et ce à raison de trente jours pour chaque mois.

Il n'est fait aucune retenue aux sous-officiers et soldats.

§ IV. *De la Solde des Militaires en détention ou en jugement.*

Officiers et employés militaires mis en jugement.

96. Les officiers de troupe ou sans troupe et les employés militaires mis en jugement, reçoivent, pendant le temps de leur dé-

tention, et jusqu'au jour du jugement définitif, le tiers de la solde en station sur le pied de paix, sans accessoire.

S'ils sont acquittés, ils sont rappelés, à leur retour à leur corps ou à leur poste, du surplus de leur solde pour tout le temps de leur détention; s'ils sont condamnés, ils n'ont aucun droit à ce rappel.

97. Tout officier ou employé détenu qui vient à mourir avant son jugement, étant présumé innocent, ses héritiers ont droit au rappel auquel il aurait eu droit lui-même s'il avait été acquitté.

Sous-officiers et soldats dans la même position.

98. Les sous-officiers et soldats ne reçoivent aucune solde pendant le temps de leur détention; mais s'ils sont acquittés, ils sont rappelés, à leur retour au corps, de la solde de semestre pour tout le temps de leur absence : s'ils sont condamnés, ils n'ont droit à aucun rappel.

Militaires suisses détenus.

99. Dans les régimens suisses, les sous-officiers et soldats détenus dans les prisons du corps reçoivent avec le pain une indemnité de 15 centimes par jour, pendant le temps de leur détention.

Cette indemnité s'accroît de la moitié en sus pour ceux des militaires ainsi détenus dont les régimens sont en garnison à Paris.

Ce même accroissement est payé à ceux de ces militaires qui voyagent avec leur corps, et ce pour le temps de la route seulement.

§ V. *De la Solde de captivité.*

Du droit à la solde de captivité.

100. La solde de captivité est due à tout militaire ou employé militaire fait prisonnier de guerre, à dater du lendemain du jour où il est tombé au pouvoir de l'ennemi, jusqu'au jour exclus de sa rentrée en France.

Paiement à faire aux officiers rentrant de captivité.

101. Les officiers de toutes armes et sans troupe et les employés militaires qui sont restés au moins deux mois au pouvoir de l'ennemi, reçoivent, à leur rentrée en France, une avance de deux mois de la solde de captivité de leur grade. Il est fait mention de ce paiement sur la feuille de route qui leur est délivrée.

S'ils sont restés moins de deux mois chez l'étranger, ils obtiennent seulement le paiement de ce qui leur est dû pour le temps de leur captivité.

Officiers rentrés par échange.

102. L'officier de troupe rentré des prisons de l'ennemi en vertu d'un cartel d'échange doit se rendre immédiatement à son corps,

où il est rappelé de sa solde de captivité, sauf déduction de l'avance qui lui a été faite. Il est ensuite traité conformément aux dispositions de l'article 29.

103. L'officier sans troupe rentrant en vertu d'un cartel d'échange doit se rendre dans ses foyers. Aussitôt après son arrivée, il en donne avis au Ministre secrétaire d'état de la guerre, en lui adressant copie collationnée par l'autorité locale, du titre qui a autorisé sa rentrée.

Sur cet avis, le Ministre de la guerre lui fait expédier, s'il y a lieu, de nouvelles lettres de service, en vertu desquelles il reçoit une feuille de route avec indemnité, pour se rendre au poste qui lui a été assigné.

Jusqu'à la réception de ses nouvelles lettres de service, ou de la décision qui a statué sur son sort, il est considéré comme étant en disponibilité, à compter du jour de sa rentrée.

Il est rappelé, en outre, de sa solde de captivité, sous la déduction de ce qu'il a reçu à titre d'avance.

Officiers rentrés sur parole.

104. L'officier de troupe ou sans troupe qui rentre sur parole des prisons de l'ennemi, se rend pareillement dans ses foyers; et aussitôt après son arrivée, il en informe le Ministre secrétaire d'état de la guerre, en lui envoyant copie dûment collationnée du titre en vertu duquel il est rentré.

D'après cet avis, le Ministre secrétaire d'état de la guerre l'autorise à jouir du traitement de réforme, à compter du jour de son retour en France; il a droit, en outre, au rappel de la solde de captivité, sauf déduction de l'avance autorisée par l'article 101.

Lorsque, après son échange, il reçoit de nouvelles lettres de service, il est traité à l'instar des officiers passant de la non-activité à l'activité.

Employés militaires.

105. L'employé militaire rentrant des prisons de l'ennemi en vertu d'un cartel d'échange ou sur parole, se rend aussi dans ses foyers; il adresse le titre qui a autorisé sa rentrée au Ministre secrétaire d'état de la guerre, qui peut, s'il le juge convenable, lui accorder une gratification une fois payée, en attendant qu'il puisse lui conférer un nouvel emploi. Il a droit, en outre, au rappel de sa solde de captivité, sauf la déduction de l'avance qui a pu lui être faite conformément à l'article 101.

Sous-officiers et soldats.

106. Les sous-officiers et soldats rentrant des prisons de l'ennemi ont droit, à titre de secours, à deux mois de solde, s'ils sont restés pendant deux mois au moins au pouvoir de l'ennemi; dans le cas contraire, la solde leur est due pour le temps de leur captivité.

La solde, dans cette position, doit leur être payée sur le pied déterminé en l'article 23.

Les sous-employés des hôpitaux et des services administratifs, rentrant des prisons de l'ennemi, reçoivent aussi deux mois de solde, s'ils sont restés pendant deux mois au moins au pouvoir de l'ennemi; et s'ils y sont restés moins de deux mois, la solde leur est payée pour le temps de leur captivité.

Militaires faits prisonniers en mer ou dans les colonies.

107. Les officiers, sous-officiers et soldats mis à la disposition de la marine, à quelque titre que ce soit, et qui auraient été faits prisonniers de guerre après leur embarquement, doivent être payés de ce qui leur sera dû pour solde de captivité, selon le cas, et suivant les règles prescrites par les articles 419 et 420.

Pièces à produire par les prisonniers rentrés.

108. Les militaires de tous grades rentrant des prisons de l'ennemi sont payés, par les soins du premier sous-intendant militaire auquel ils se présentent, de l'avance ou du décompte énoncés à l'article 101.

Pour obtenir ce paiement, ils doivent produire, savoir : chaque officier, à défaut de son brevet ou de sa lettre de service, un certificat du commissaire de la puissance chez laquelle il a été détenu, constatant son grade et le temps pendant lequel il est resté en captivité; et chaque sous-officier ou soldat, un semblable certificat : faute de quoi, le paiement de ce qui peut être dû aux uns et aux autres en vertu des articles précités, est ajourné jusqu'à ce que leurs droits aient été reconnus; et, dans ce cas, ils ne reçoivent que l'indemnité de route, jusqu'à leur arrivée, soit à leur corps, soit dans leurs foyers.

Secours aux familles des prisonniers de guerre.

109. Lorsque des officiers ou employés militaires ont été faits prisonniers de guerre, le Ministre secrétaire d'état de la guerre peut autoriser leurs familles à recevoir la moitié de leur traitement de captivité.

Les autorisations accordées en vertu de la disposition précédente ne peuvent avoir d'effet que pour une année, si elles ne sont pas renouvelées.

Ces paiemens ont lieu à titre d'avance, et la retenue en est opérée sur le décompte de la solde de captivité des officiers ou employés, lors de leur retour en France.

§ VI. *De la Solde de congé illimité.*

Définition de la solde de congé illimité.

110. La solde de congé illimité consiste dans la demi-solde de la dernière classe de chaque grade, telle qu'elle était réglée à l'époque

où les officiers qui en jouissent ont été mis dans cette position, et sans aucun supplément ni accessoire. Il en est de même de la solde des officiers faisant partie des cadres de remplacement.

111. Les dispositions des articles 48, 49, 50, 51 et 52, concernant les officiers en disponibilité, sont applicables aux officiers en congé illimité et à ceux faisant partie des cadres de remplacement.

Section IV.

Positions entraînant privation de la Solde.

Absence illégale.

112. Tout militaire qui s'absente de son corps ou de son poste sans autorisation légale, ne reçoit aucune solde pour le temps de son absence.

Désertion.

113. Tout sous-officier ou soldat porté sur les contrôles comme déserteur n'a droit à aucun rappel pour le temps de son absence, lors même qu'étant mis en jugement, il serait acquitté.

Réforme ou suspension.

114. L'officier ou l'employé militaire suspendu de ses fonctions ou réformé cesse d'avoir droit à la solde d'activité à dater du lendemain du jour de la notification officielle de sa réforme ou de la suspension de ses fonctions.

115. L'officier ou l'employé militaire qui, après avoir été destitué, suspendu de ses fonctions ou condamné, obtient sa réintégration, n'a droit à aucune espèce de rappel pour le temps de son inactivité, à moins d'une décision royale.

Hommes remplacés.

116. Les hommes remplacés cessent de compter à leurs corps du jour de l'admission de leurs remplaçans sous les drapeaux.

En congé limité ou à l'hôpital externe.

117. Il n'est fait aucun rappel de solde, depuis leur départ du corps, aux sous-officiers et soldats désertés ou réformés, congédiés définitivement, pensionnés, ou passés aux invalides, étant en congé limité ou à l'hôpital externe.

Militaires rentrant après les délais fixés par leur feuille de route.

118. Tout officier qui, se rendant à son corps ou à son poste, a droit à une solde quelconque pour le temps de sa route, ne peut être rappelé de cette solde, s'il n'a rejoint dans les délais fixés par sa feuille de route, et sauf le cas d'empêchement légitime dûment constaté.

119. Les sous-officiers et soldats qui, ayant droit de cumuler la solde et l'indemnité de route, rentrent à leur corps après l'expiration des délais déterminés par leur feuille de route, sont également privés de tout rappel pour le temps de leur absence, sauf le cas d'empêchement légitime, comme il est dit ci-dessus.

Le militaire qui ne rapporte pas sa feuille de route ou son congé ne peut prétendre à aucun rappel de solde avant l'expiration d'un délai de six mois.

Officier démissionnaire.

120. L'officier qui donne sa démission étant en congé avec solde ou en prolongation de congé, ne peut prétendre à aucun rappel pour le temps de son absence, si sa démission est acceptée.

Autres cas emportant privation de la solde.

121. Enfin, la privation de solde est étendue aux militaires des différens grades qui se trouvent dans l'une des positions spécifiées aux articles 24, 63, 64, 66, 68, 69, 80, 84 et 89.

CHAPITRE II.

Des Accessoires de Solde.

SECTION Ire.

Des Supplémens.

§. Ier. *Du Supplément de 200 francs accordé aux Lieutenans et Sous-lieutenans.*

Désignation des officiers qui ont droit à ce supplément.

122. Le supplément de solde de 200 francs par an est dû aux lieutenans et sous-lieutenans des corps d'infanterie française, de cavalerie et d'artillerie de la ligne, ainsi qu'à ceux des corps du génie, des équipages militaires et des compagnies de discipline.

Il doit leur être alloué pour toutes les journées donnant droit à la solde de présence, soit en station, soit en route.

123. Le même supplément est dû aux lieutenans d'état major de toutes armes (celui des places excepté), ainsi qu'aux élèves des écoles d'application.

124. Les lieutenans et sous-lieutenans détachés près les dépôts de recrutement, continuant de figurer sur les revues de leurs corps, ont droit au supplément de 200 francs, indépendamment de celui qui leur est accordé pour le service extraordinaire auquel ils sont employés.

Restriction concernant les porte-drapeaux.

125. Ce supplément n'étant alloué qu'au grade et non aux fonc-

tions, les porte-drapeaux et porte-étendards ne peuvent y prétendre qu'autant que la solde de leur grade, jointe audit supplément, offrirait un traitement supérieur à celui fixé pour leur emploi.

Cette restriction n'est point applicable aux trésoriers.

§. II. *Des Supplémens pour ancienneté de grade.*

Médecins et chirurgiens.

126. Les officiers de santé du grade de médecin et de médecin adjoint, de major et d'aide-major, ont droit à l'accroissement de solde pour ancienneté déterminée par le tarif, à dater du jour où ils ont atteint leur dixième, vingtième ou trentième année de service dans ce grade; mais ils ne peuvent en être payés qu'en vertu d'une décision spéciale du Ministre secrétaire d'état de la guerre (1).

Maréchaux vétérinaires.

127. Les dispositions de l'article précédent sont applicables aux maréchaux vétérinaires qui ont atteint leur dixième ou vingtième année de service dans ce grade.

§. III. *Des Hautes-paies.*

Désignation des hautes-paies.

128. Il est accordé des hautes-paies aux anciens sous-officiers et soldats. Elles sont désignées sous les noms de hautes-paies de demi-chevron, de premier, deuxième et troisième chevrons. Leur quotité est déterminée par le tarif.

129. Les chevrons et les hautes-paies y attachées sont acquis aux sous-officiers et soldats, savoir :

Le demi-chevron, à six ans révolus de service;
Le chevron, à huit ans;
Le double chevron, à douze ans;
Et le triple chevron, à seize ans.

Division de la haute-paie en deux portions.

130. La haute-paie attribuée aux différentes classes de chevrons, se divise en deux portions.

L'une est acquittable avec la solde journalière; l'autre est payable à l'avance et au moment du rengagement.

Mode de procéder dans le calcul des services qui y donnent droit.

131. Lorsqu'il s'agit de déterminer les droits des sous-officiers et soldats à la haute-paie, le temps fait par les hommes appelés ou par leurs remplaçans, doit être calculé à partir du 1er janvier

(1) Art. 102 et 103 de l'ordonnance concernant le personnel des hôpitaux.

de l'année où ils ont été immatriculés comme jeunes soldats, et celui des enrôlés volontaires, à dater du jour de leur engagement.

132. Il est tenu compte aux appelés et aux enrôlés volontaires servant en personne, du service actif qu'ils ont fait antérieurement à leur appel ou à leur engagement.

Les remplaçans sont exclus de cette faveur.

Ces derniers ne sont pas admis non plus, pour établir leurs droits à la haute-paie, à cumuler avec leur service comme remplaçans, celui qu'ont déjà fait les militaires dont ils viennent prendre la place sous les drapeaux.

133. Le décompte des services donnant droit à la haute-paie, ne doit point comprendre le temps des absences illégales.

Le temps de service, pour les retardataires, ne court que du jour de leur incorporation.

Époques d'admission aux différens degrés.

134. Les sous-officiers et soldats de toutes armes qui se rengagent, ont droit, suivant leur ancienneté, aux divers degrés de la haute-paie, savoir : les hommes appelés, à partir du jour où ils ont terminé le temps de service auquel chaque degré est attaché ; et les enrôlés volontaires, à dater du jour qui suit l'expiration du temps fixé par leur premier engagement, s'il n'est que de six ans, et à dater du jour qui suit l'expiration de la sixième année, s'il est de huit ans.

Cas de changement de corps.

135. Lorsque, par l'effet des rengagemens ou des désignations, un sous-officier ou soldat change de corps, il a droit à la haute-paie attribuée à l'arme pour laquelle il se rengage ou pour laquelle il est désigné.

Haute-paie journalière.

136. La haute-paie journalière, ou portion de la haute-paie acquittable avec la solde, est décomptée pour chacun des jours dont se compose le mois ; le militaire en conserve la jouissance dans toutes les positions qui lui donnent droit à une solde d'activité quelconque, et même lorsqu'il est en congé limité sans solde.

137. Cette portion dépend uniquement de la durée du service déjà fourni.

En conséquence, tout sous-officier ou soldat engagé primitivement pour huit ans a droit, s'il se rengage, à la haute paie du demi-chevron, dès l'accomplissement de sa sixième année de service ; et s'il ne se rengage pas, à partir seulement du 1er janvier de l'année suivante.

138. Les militaires ayant servi dans la marine sont admis à compter ces services pour la haute-paie journalière, lorsque leur passage dans l'armée de terre a eu lieu par l'effet d'un acte indépen-

dant de leur volonté, tel qu'une mesure d'organisation générale, ou un ordre du gouvernement, soit collectif, soit individuel.

Les services comme marin ou comme ouvrier classé ne comptent que de l'âge de dix-huit ans, et seulement pour le temps passé sur les vaisseaux ou dans les chantiers et arsenaux de l'Etat.

139. Les sous-officiers et soldats jouissant de la haute-paie journalière, et qui sont faits prisonniers de guerre, sont, à leur retour en France, rappelés de cette haute-paie, sans progression de classe, pour tout le temps de leur captivité.

Portion de haute-paie acquitable à l'avance.

140. La portion de la haute-paie acquittable à l'avance est due pour toute la durée du rengagement contracté. Le décompte en est calculé suivant le grade du militaire au moment du rengagement, et d'après les fixations progressives déterminées pour chaque classe par le tarif.

141. Les soldats, caporaux, brigadiers ou fourriers qui après s'être rengagés, passent à un grade supérieur, n'ont droit à aucun rappel de la haute-paie acquitable à l'avance pour raison de la différence de fixation existant entre l'ancien et le nouveau grade.

142. Lorsqu'un sous-officier ou soldat contracte un rengagement avant d'avoir accompli six années de service, la portion de la haute-paie acquittable à l'avance ne lui est acquise que du jour de l'expiration des six ans.

Néanmoins le paiement de cette portion de haute-paie est fait aux sous-officiers, caporaux ou brigadiers, au moment où ils signent le rengagement.

Quant aux soldats, cette même portion ne leur est payée, quelle que soit la date du rengagement, que dans le cours du trimestre où expire le temps pour lequel ils sont déjà liés au service, soit comme engagés volontaires, soit comme appelés, soit en vertu d'un premier engagement.

143. Pour égaliser entièrement les avantages de la haute-paie envers les sous-officiers et soldats de toutes armes, les enrôlés volontaires dans la garde royale, la cavalerie et les armes spéciales, qui contractent un rengagement dans l'intervalle de leur sixième à leur huitième année, touchent la portion de la haute-paie acquittable à l'avance à dater du jour où ce rengagement a été reçu; et, bien que sa durée ne puisse compter que du lendemain de l'expiration de leur huitième année, on doit joindre à la somme due pour le temps du rengagement celle qui revient, suivant le tarif, pour ce qui reste à faire des septième et huitième années.

Dispositions spéciales aux musiciens et autres gagistes.

144. Les musiciens et maîtres ouvriers n'ont aucun droit à la haute-paie, s'ils ne sont pas liés au service comme appelés ou comme enrôlés volontaires.

145. Les gagistes qui contractent un engagement, sont admis à la haute-paie journalière à l'expiration du temps de service déterminé par la loi, s'ils se sont rengagés.

Dans ce cas, la durée du premier temps de service court à partir du jour où l'homme a été incorporé comme gagiste : toutefois il ne lui est pas tenu compte des services antérieurs à l'âge de dix-huit ans.

146. Le musicien ou maître ouvrier qui a au moins six ans de service comme gagiste au moment où il contracte son engagement, a droit à la haute-paie journalière attribuée à la classe à laquelle le porte la durée de ses services; mais la jouissance de cette haute-paie ne date que du jour de l'engagement, sans qu'il y ait lieu à aucun rappel pour le temps antérieur.

147. Les musiciens et maîtres ouvriers déjà liés au service, ont droit, lorsqu'ils se rengagent, à la portion de haute-paie acquittable à l'avance, comme les simples soldats.

Les maîtres armuriers, ayant le grade de sergent ou de maréchal des logis, sont traités, sous ce rapport, comme sous-officiers.

Maréchaux vétérinaires; n'ont pas droit à la haute-paie.

148. Les maréchaux vétérinaires étant commissionnés par le Ministre de la guerre, et recevant, après dix ans de service, une augmentation de solde supérieure à la haute-paie, ne sont pas admis à contracter de rengagement, et, par conséquent, ne peuvent jamais prétendre, ni à la haute-paie journalière, ni à la portion de haute-paie acquittable à l'avance.

§ IV. *Des supplémens à la solde de route.*

Indemnité représentative du cheval de selle.

149. L'indemnité accordée en remplacement du cheval de selle aux capitaines, lieutenans et sous-lieutenans des troupes à pied, ainsi qu'aux trésoriers et chirurgiens âgés de plus de cinquante ans, quand ils voyagent en corps ou détachement, leur est due pour toutes les journées de marche, celles de séjour exceptées (1).

Ils n'y ont pas droit lorsqu'ils voyagent dans la circonscription d'une armée ou d'un rassemblement sur le pied de guerre, et que le corps dont ils font partie est traité sur ce pied.

150. Cette indemnité est accordée aux officiers des mêmes grades ou emplois, âgés de moins de cinquante ans, et voyageant avec leur régiment, lorsqu'ils justifient,

1° Par certificat des officiers de santé du corps, qu'ils sont dans l'impossibilité de faire la route à pied;

---

(1) *Voir* l'article 10 de l'ordonnance concernant les indemnités de route.

2° Par un certificat du conseil d'administration que cette impossibilité est une suite des événemens de la guerre.

Supplément pour distances d'étape parcourues en sus de la première.

151. Le supplément de solde de route accordé pour les distances d'étapes parcourues dans un même jour en sus de la première, est dû aux corps et détachemens lorsque le mouvement a lieu d'après un ordre spécial du Ministre secrétaire d'état de la guerre, ou, en cas d'urgence, du général commandant sur les lieux.

Les troupes transportées par relais ont droit à ce supplément; mais il ne peut être alloué à celles transportées par eau.

§ V. *Du Supplément de Solde pour résidence dans Paris.*

Positions donnant droit à ce supplément.

152. Le supplément de solde pour séjour à Paris est dû aux officiers, jusqu'au grade de colonel inclusivement, ainsi qu'aux sous-officiers et soldats des corps de la garde royale et de la ligne stationnés, soit dans la capitale, soit dans les places de Vincennes, Bicêtre, Saint-Denis, Neuilly, Ruel et Courbevoie.

153. Les officiers sans troupe ci-après désignés ont droit au même supplément.

1° Les officiers de l'état major de la garde royale, y compris les aides de camp des officiers généraux de cette garde;

2° Les officiers de l'état major général de la première division militaire;

3° Ceux de l'état major de la place de Paris;

4° Les sous-intendans militaires et adjoints de la garde royale, et ceux attachés au service de la place de Paris;

5° Les officiers et gardes de la direction d'artillerie à Paris (service territorial);

6° Ceux de la direction du génie à Paris (*idem*);

7° Les aides de camp des capitaines des gardes dont les compagnies sont de service;

8° Les officiers employés près des princes de la famille royale et du sang.

154. Le supplément de solde pour séjour à Paris n'est dû aux officiers, sous-officiers et soldats, que pour les journées de présence à leur poste. En conséquence, les militaires qui viennent à Paris en mission ou en congé, ceux qui, étant en service à Paris ou dans la banlieue, vont en mission, en congé, ou entrent aux hôpitaux, n'y ont pas droit pour les journées pendant lesquelles ils se trouvent dans ces positions. Les corps de la garde royale dont les garnisons ne sont éloignées de Paris que d'une journée de marche, jouissent du supplément pour cette journée de marche, soit pour aller, soit pour revenir.

155. Les officiers et sous-officiers composant le dépôt de recrutement du département de la Seine, jouissent du supplément de Paris pendant tout le temps qu'ils sont en service dans cette place.

156. Les officiers de l'état major ou des corps de la garde royale, qui ont droit au supplément de Paris lorsqu'ils font le service dans cette place, en jouissent, ainsi que les sous-officiers et soldats, pour les journées de présence dans tous les lieux où ils sont de service auprès du Roi.

157. Le supplément de solde pour séjour à Paris ne peut être alloué, sans une décision spéciale du Ministre secrétaire d'état de la guerre, aux militaires qui ne se trouvent pas dans une des positions désignées par les articles précédens.

§ VI. *Du Supplément de solde aux Officiers employés près les Écoles militaires.*

En quoi consiste ce supplément.

158. La solde des officiers attachés aux différentes écoles militaires est réglée d'après le tarif de l'arme à laquelle ils appartiennent, et sur le pied de la première classe de leurs grades respectifs, avec le supplément du tiers en sus pour ceux qui ne reçoivent aucun autre supplément.

Sont exceptés de cette disposition, les fonctionnaires de l'intendance militaire.

§ VII. *Des Supplémens de solde aux Militaires employés près les Dépôts de recrutement.*

Officiers composant les dépôts de recrutement.

159. Les officiers faisant partie des dépôts de recrutement, ont droit au supplément du cinquième en sus de leur solde, depuis le lendemain de leur arrivée au dépôt, jusqu'au jour exclus de leur départ pour retourner à leurs corps.

Ce supplément est calculé, pour les lieutenans et sous-lieutenans qui jouissent déjà du supplément de 200 francs, sur leur solde augmentée de cette somme.

Sergens et caporaux attachés aux mêmes dépôts.

160. Les sergens et caporaux attachés aux dépôts de recrutement, ont également droit à un supplément de solde pour le temps de leur service près ces dépôts; ce supplément est fixé à 26 cent. par jour pour les sergens, et à 20 cent. pour les caporaux.

Militaires détachés extraordinairement pour le service du recrutement.

161. Les officiers, sous-officiers et soldats de toutes armes, en activité, qui sont détachés extraordinairement de leurs corps pour

le service du recrutement et pour la conduite des hommes de nouvelle levée, ont droit, pendant le temps qu'ils sont employés à ce service, savoir:

Les officiers, sous-officiers et caporaux, aux supplémens fixés par les articles 159 et 160.

Les soldats, à 10 cent., et les tambours et clairons, à 15 cent. par jour.

N'ont pas droit au supplément pour les journées d'hôpital.

162. Tout officier, sous-officier ou soldat marchant pour le service du recrutement, et qui, pendant sa route, entre à l'hôpital, cesse dès-lors d'avoir droit au supplément, et doit être traité comme tout autre militaire en activité entrant à l'hôpital externe.

Section II.

Des Indemnités.

---

§ Ier. *Des Frais de représentation.*

Officiers généraux.

163. L'indemnité pour frais de représentation, attribuée aux officiers généraux en activité de service, tant dans l'intérieur qu'aux armées, leur est accordée pour le temps de présence à leur poste.

Lorsqu'un maréchal de camp remplace provisoirement un lieutenant général dans le commandement d'une division, il jouit de l'indemnité de représentation affectée à ce commandement, mais il ne peut la cumuler avec celle fixée pour son grade.

La même disposition doit être appliquée à un colonel qui remplace provisoirement un maréchal de camp.

L'indemnité particulière à payer, en pareil cas, à un colonel ou à un lieutenant colonel de la gendarmerie, ainsi qu'à un lieutenant colonel de la ligne, est réglée par le tarif.

164. Le maréchal de camp nouvellement promu au grade de lieutenant général, et le colonel promu au grade de maréchal de camp, n'ont droit à l'indemnité de représentation que du jour où ils prennent les commandemens pour lesquels cette indemnité est allouée.

Chef d'état-major général d'armée.

165. L'officier général remplissant les fonctions de chef d'état major général d'armée, n'a pas droit à l'indemnité de représentation, parce qu'il reçoit une indemnité particulière pour frais de bureau et dépenses extraordinaires.

Lieutenans de roi.

166. Le lieutenant de roi qui s'absente de son poste, ne conserve

la jouissance de l'indemnité pour frais de représentation, qu'autant qu'il y est autorisé par une décision spéciale du Ministre secrétaire d'état de la guerre.

Dans ce cas, il ne reçoit cette indemnité que déduction faite de celle attribuée par le tarif à l'officier qui l'a remplacé pendant son absence.

Officier général ou supérieur commandant l'artillerie ou le génie à une armée active.

167. L'officier général qui commande en chef l'artillerie ou le génie à une armée active ou à un corps d'armée sur le pied de guerre, ne peut jouir d'une indemnité pour frais de représentation supérieure à celle affectée à son grade pour ce commandement, à moins d'une décision royale.

L'officier supérieur qui commande l'arme à défaut de l'officier général, peut recevoir, pour frais de représentation, une indemnité dont la quotité est réglée par le Ministre secrétaire d'état de la guerre.

Chefs de corps.

168. L'indemnité attribuée aux colonels des régimens de toute arme et aux chefs des bataillons ou escadrons formant corps entier, leur est allouée lorsqu'ils commandent une partie quelconque de leur corps.

En l'absence du colonel, l'indemnité de représentation est due au lieutenant-colonel qui commande une portion quelconque du corps.

En l'absence simultanée du colonel et du lieutenant-colonel, l'indemnité n'est due à personne.

Lorsque, dans le cas prévu par l'article 165, un colonel commandant une partie quelconque de son corps a droit à l'indemnité de représentation affectée aux fonctions de maréchal de camp, l'indemnité attribuée au commandant du régiment n'est due à personne.

L'indemnité n'est pareillement due à personne dans un bataillon ou escadron formant corps entier, lorsque le chef de bataillon ou d'escadron est absent.

Cumul de deux indemnités, interdit.

169. Dans aucun cas et sous aucun prétexte, un colonel remplissant des fonctions distinctes ne peut cumuler deux indemnités de représentation ; il est toujours tenu d'opter.

Colonel promu maréchal de camp.

170. Le colonel qui, promu au grade de maréchal de camp, continue à commander son corps, ne pouvant recevoir que la solde de colonel, n'a droit pareillement qu'à l'indemnité de représentation attribuée à ce dernier grade, pendant tout le temps qu'il continue à remplir les fonctions de colonel.

§ II. *De l'Indemnité représentative de Fourrages.*

Positions dans lesquelles cette indemnité est due.

171. Les officiers ou employés militaires à qui les tarifs attribuent l'indemnité représentative de fourrages, en jouissent dans toutes les positions qui leur donnent droit à une solde quelconque d'activité.

Elle leur est due même pendant la durée des congés sans solde ou des prolongations de congé.

Cette indemnité doit être décomptée d'après le nombre effectif de jours dont se compose chaque mois.

Elle n'est pas due aux armées.

172. L'indemnité représentative de fourrages n'est point due dans les armées ou les rassemblemens mis sur le pied de guerre, à moins que le paiement n'en soit spécialement autorisé par le Ministre secrétaire d'état de la guerre.

Hors ce cas, et sauf les exceptions comprises dans l'article 173 ci-après, l'indemnité de fourrages ne peut jamais être payée que pour le nombre de rations dues sur le pied de paix.

Officiers et employés se rendant à une armée et en revenant.

173. Les officiers et employés auxquels l'indemnité de fourrages est attribuée, et qui reçoivent l'ordre de se rendre à une armée ou rassemblement mis sur le pied de guerre, ont droit à cette indemnité pour le nombre de chevaux qui leur est attribué sur le pied de guerre, à compter du jour de leur départ jusqu'à celui exclus de leur arrivée à l'armée, où leurs chevaux doivent recevoir les fourrages en nature.

Les officiers qui s'éloignent momentanément de l'armée par suite de mission, jouissent également de l'indemnité de fourrages sur le même pied, pendant tout le temps de leur absence de l'armée, s'ils justifient qu'ils ont emmené leurs chevaux avec eux.

Enfin, ceux qui passent d'une armée à une autre, ou qui sont rappelés de l'armée dans l'intérieur, ont droit à cette même indemnité, depuis le jour de leur sortie du territoire de l'armée, jusqu'à celui inclus de leur arrivée à leur nouvelle destination.

Cas où l'indemnité est due aux officiers de cavalerie.

174. Les officiers des corps de cavalerie en mission, en congé ou allant aux eaux, jouissent de l'indemnité de fourrages depuis le jour de leur départ jusqu'à celui de leur rentrée inclusivement, lorsqu'ils ont emmené leurs chevaux avec eux, ce qui doit être constaté par un certificat du conseil d'administration, visé par le sous intendant militaire.

La même disposition est applicable à ceux qui sont nommés membres d'un tribunal militaire séant hors du lieu de leur garnison.

175. Les officiers de cavalerie rejoignant pour la première fois un corps, ou passant d'un corps de cavalerie dans un autre de même arme, ou d'une portion de leur corps à une autre portion, doivent être rappelés, depuis le jour de leur départ jusqu'à celui exclus de leur arrivée, de l'indemnité représentative de fourrages pour ceux des chevaux affectés à leur grade qu'ils justifient avoir emmenés avec eux.

176. Hors les cas spécifiés aux deux articles précédens, les officiers des corps de cavalerie ne peuvent recevoir l'indemnité représentative de fourrages.

Officiers passant de l'inactivité à l'activité.

177. Les officiers sans troupe et ceux des corps d'infanterie, ainsi que les employés militaires à qui l'indemnité de fourrages est attribuée, commencent à en jouir, lorsqu'ils passent de l'état d'inactivité à celui d'activité, à compter du jour où ils ont droit à la solde d'activité.

Officiers promus.

178. Ceux promus à un grade qui leur donne droit, pour la première fois, à l'indemnité de fourrages, ou qui leur attribue une indemnité supérieure à celle dont ils jouissent déjà, ont droit à l'indemnité affectée à leur nouveau grade à compter du jour où ils reçoivent la solde de ce grade.

Officier en retard de rejoindre.

179. L'officier de toute arme en congé, et à qui l'indemnité de fourrages est attribuée, n'en reçoit point le rappel, s'il rentre après l'expiration de son congé.

180. L'officier voyageant isolément, et qui a droit dans cette position, à l'indemnité de fourrages, en est également privé, s'il rentre après les délais fixés par sa feuille de route.

Officiers d'artillerie en résidence fixe.

181. Les capitaines d'artillerie en résidence fixe et à vie, quel que soit le corps auquel ils aient appartenu, n'ont droit à aucune indemnité de fourrages, à moins qu'ils ne soient employés près les forges et les manufactures d'armes.

§III. *Des Indemnités représentatives de Logement et d'Ameublement.*

Règle d'allocation.

182. L'indemnité de logement n'est due qu'en station dans l'intérieur du royaume, et lorsque ceux à qui elle est attribuée ne sont ni campés, ni baraqués, ni logés dans les bâtimens militaires ou autres appartenant à l'état.

Ceux logés dans les bâtimens non meublés ont droit seulement à l'indemnité d'ameublement.

Inspecteurs généraux d'armes.

183. Les inspecteurs généraux et leurs aides de camp ont droit à l'indemnité de logement pendant le semestre de l'année destiné à leurs tournées.

Officiers en mission ou en congé.

184. L'indemnité de logement doit continuer à être payée, pendant la durée de leurs congés ou missions, ou séjour aux hôpitaux, aux chefs d'état major des divisions militaires, aux lieutenans de roi, aux majors et adjudans de place, aux membres du corps de l'intendance militaire, aux secrétaires archivistes des divisions, aux officiers d'artillerie et du génie employés dans les directions, arsenaux, forges, fonderies, poudreries et manufactures d'armes, s'ils en jouissaient au moment de leur départ.

Cette disposition est applicable à tous les officiers en mission.

Officiers appelés en témoignage.

185. Les officiers appelés en témoignage près d'un tribunal civil ou militaire situé hors du lieu de leur garnison ou de leur résidence, ont droit à l'indemnité de logement pendant leur absence, s'ils en jouissaient précédemment.

Officiers changeant de position.

186. L'officier passant de la non activité à l'activité, et celui venant d'une résidence où il était logé en nature, ne doivent jouir de l'indemnité de logement ou d'ameublement qu'à compter du lendemain de leur arrivée à leur poste.

187. Celui qui, jouissant déjà de l'indemnité de logement, est promu à un grade supérieur, reçoit l'indemnité affectée à son nouveau grade, à compter du jour où il a droit d'en toucher la solde.

188. Les militaires jouissant de l'indemnité de logement ou d'ameublement, qui entrent aux hôpitaux, qui vont en congé ou qui changent de résidence, ne cessent d'avoir droit à ladite indemnité qu'après l'expiration de la première ou deuxième quinzaine du mois dans lequel il se sont mis en route, sans toutefois que cette indemnité puisse leur être allouée pour la même quinzaine à une autre résidence.

Cette disposition n'est point applicable aux officiers désignés en l'article 184.

189. Tout officier passant de l'activité à la non activité, à la retraite ou à la réforme, a droit à l'indemnité de logement jusqu'à l'expiration de la quinzaine pendant laquelle il aura quitté le service.

Officiers en recrutement.

190. Les officiers supérieurs membres des conseils de révision du recrutement jouissent de l'indemnité de logement pendant leur

séjour dans les lieux où ils remplissent cette mission, à la charge par eux de justifier qu'ils n'ont pas été logés dans les bâtimens de l'État ni chez l'habitant.

191. Les officiers employés à la conduite des recrues, et qui, au moment de leur départ, jouissent de l'indemnité de logement, la conservent pour le temps de leur absence, lors même qu'ils seraient logés pendant leur route par les soins des maires.

Supplément pour séjour de Paris.

192. Les supplémens aux indemnités de logement et d'ameublement accordés pour le séjour à Paris, sont dus à tout officier ayant droit au supplément de solde dans cette place, s'il y est logé ou meublé à ses frais; mais il ne sont point dus aux officiers des corps de troupes qui se trouvent stationnés à Bicêtre, Vincennes, Saint-Denis, Neuilly et Courbevoie, pour le temps pendant lequel ces officiers ne sont pas de service dans Paris.

Les officiers généraux et intendans militaires attachés aux états majors de la garde royale, de la 1re division militaire, ou de la place, y ont droit, bien que les uns ni les autres ne jouissent du supplément de solde.

Ces supplémens sont décomptés par quinzaine, dans les cas prévus par l'article 188.

Médecins et pharmaciens civils.

193. Les médecins et pharmaciens civils chargés du service des salles militaires dans les hôpitaux civils ou militaires, n'ont droit à aucune indemnité de logement, à moins qu'ayant été obligés de changer de résidence, il n'aient pu être logés dans les bâtimens de l'État.

Supplément à divers pour l'emplacement de leurs bureaux.

194. Le supplément d'indemnité de logement accordé aux capitaines commandant les dépôts de recrutement, et aux trésoriers des corps pour l'emplacement de leurs bureaux, ne leur est alloué que lorsqu'ils n'ont pu être logés dans les bâtimens de l'État.

Les officiers payeurs titulaires n'ont droit au même supplément que lorsqu'ils sont en fonctions et qu'ils n'ont pû être logés en nature.

Ce supplément est réduit à la moitié, lorsque les officiers qui y ont droit sont logés sans meubles.

195. Le supplément d'indemnité de logement accordé pour l'emplacement des papiers, plans et mémoires, est payé à l'officier du génie chargé titulairement du service d'une place, ou à celui qui en remplit momentanément les fonctions, ou enfin au garde du génie ayant le dépôt des papiers.

Ce supplément n'est dû à personne lorsque le service de la place est fait par le colonel directeur ou son suppléant, en même temps que celui de la direction.

Officier qui refuse le logement ou les meubles qui lui sont assignés.

196. Tout officier qui refuse d'occuper le logement qui lui est assigné dans un bâtiment appartenant à l'État, ne peut prétendre à l'indemnité représentative de logement.

Il ne peut pas non plus prétendre à l'indemnité d'ameublement, s'il refuse les meubles qui lui sont fournis des magasins militaires.

§ IV. *De l'Indemnité pour Frais de Bureau.*

Elle est due pour la durée des fonctions.

197. L'indemnité pour frais de bureau attribuée aux chefs d'état major d'armées et des divisions militaires, aux intendans, sous-intendans et sous-intendans militaires adjoints, aux lieutenans de roi et commandans de postes militaires, ainsi qu'aux directeurs d'artillerie et du génie, leur est allouée à dater du jour de leur entrée en fonctions; elle cesse avec ces mêmes fonctions.

Les absences légales n'en suspendent pas la jouissance.

198. Les officiers et fonctionnaires militaires jouissant de l'indemnité de frais de bureau, et qui s'absentent momentanément de leur poste en vertu d'une autorisation légale, conservent leurs droits à cette indemnité pendant tout le temps de leur absence, à la charge par eux de pourvoir à la dépense de leurs bureaux.

199. Lorsqu'un sous-intendant militaire est commissionné pour remplir les fonctions d'intendant, il a droit à l'indemnité de frais de bureau attribuée à ces fonctions.

Lorsqu'un officier d'artillerie ou du génie est commissionné pour remplir les fonctions de directeur, il a droit également à l'indemnité attribuée à ces fonctions.

Cas de vacance d'emploi dans l'état-major des places.

200. En cas de vacance d'un emploi de lieutenant de roi ou de commandant de poste militaire, l'officier qui en remplit momentanément les fonctions, a droit à l'indemnité de frais de bureau, réglée, pour ce cas, par le tarif, jusqu'au jour exclus de la prise de possession par le nouveau titulaire.

Disposition spéciale à l'état de guerre.

201. Les trésoriers des compagnies de canonniers gardes-côtes, les commandans des parcs d'équipages, les commandans chargés des détails des dépôts de prisonniers de guerre étrangers, ne jouissent de l'indemnité de frais de bureau que pendant la durée de leurs fonctions.

§ V. *Des Indemnités en remplacement de Vivres.*

Fournitures qu'elles représentent.

202. Des indemnités représentatives peuvent être accordées en remplacement des vivres de campagne, du vinaigre, de l'eau-de-vie ou du vin.

Cas où elles sont dues.

203. Les indemnités représentatives sont dues aux corps de troupes et aux militaires dans les mêmes positions où ils ont droit aux distributions en nature qu'elles représentent.

Par qui autorisées.

204. Hors le cas de force majeure, aucune indemnité en remplacement de vivres ne doit être allouée sans une décision spéciale du Ministre secrétaire d'état de la guerre.

§ VI. *Des Indemnités pour pertes de Chevaux et d'Effets.*

Perte de chevaux.

205. Les officiers autorisés, en raison de leur arme ou de leur grade, à avoir des chevaux, et qui ont été faits prisonniers de guerre autrement que par capitulation, reçoivent, à leur retour des prisons de l'ennemi, l'indemnité pour perte de chevaux déterminée par le tableau n° 58 du tarif, soit qu'ils doivent, ou non, rentrer immédiatement en campagne.

Perte d'effets.

206. L'indemnité pour perte d'effets est due aux officiers qui, ayant été faits prisonniers de guerre autrement que par capitulation, et étant de retour des prisons de l'ennemi, reçoivent l'ordre de rentrer immédiatement en campagne.

Mode d'allocation.

207. Les indemnités ci-dessus spécifiées ne peuvent être allouées aux officiers sans troupe, que sur des extraits des contrôles annuels, délivrés par les fonctionnaires de l'intendance dépositaires de ces contrôles, et constatant l'époque de la captivité, ainsi que l'affaire où chaque officier a été fait prisonnier de guerre. Si les contrôles annuels ont été envoyés au ministère de la guerre, conformément aux dispositions de l'article 445, les indemnités ne peuvent être accordées que sur une autorisation du Ministre secrétaire d'état de la guerre.

Pour les officiers des corps, les indemnités de pertes ne peuvent être accordées que sur un certificat du conseil d'administration de leurs corps, constatant également l'époque de la captivité et l'affaire où elle a eu lieu. Ce certificat doit être visé, après vérification, par le sous-intendant militaire, tant sur les contrôles annuels, que sur le contrôle particulier des prisonniers de guerre et le registre de service des officiers.

Chevaux tués dans une action.

208. Les officiers qui, dans une affaire contre l'ennemi, ont eu des chevaux tués, reçoivent, pour chaque cheval, l'indemnité fixée

par le tableau n° 58 du tarif. La perte est constatée par des certificats qui indiquent la date et l'affaire où elle a eu lieu. Ces certificats sont délivrés, savoir : pour les officiers sans troupe, par les chefs d'état major, et visés par les généraux commandant en chef sous les ordres desquels ils se trouvent; et pour les officiers des corps, par les conseils d'administration de ces corps, et visés par les généraux commandant en chef l'armée. Ces certificats doivent, sous peine de déchéance, être remis, dans les quinze jours qui suivent l'événement, à l'intendant ou au sous-intendant chargé d'ordonnancer le paiement de la solde des officiers qui ont éprouvé les pertes.

§ VII. *Des Frais de poste.*

A qui alloués.

209. Les frais de poste sont dus aux officiers, fonctionnaires ou employés militaires chargés de missions urgentes, et dont les ordres portent textuellement cette allocation : ils ne sont pas dus pour le retour, à moins que l'ordre ne porte expressément qu'ils seront payés.

Par qui ordonnancés.

210. Dans l'intérieur du royaume, l'autorisation de voyager en poste aux frais du département de la guerre ne peut être donnée que par le Ministre de ce département, ou par les généraux commandant les divisions, lorsque le Ministre a jugé à propos de leur déléguer cette faculté.

Les états de frais de poste doivent être adressés au Ministre secrétaire d'état de la guerre, qui en fait acquitter le montant sur une ordonnance directe.

211. À l'armée, la faculté réservée au Ministre par l'article précédent est étendue au général en chef et à l'intendant en chef.

Les frais de poste sont liquidés par l'intendant en chef, et payés sur les fonds mis à sa disposition pour ce service.

212. Les frais de poste sont réglés d'après les fixations d'un tarif spécial.

Section III.

Des Gratifications.

---

§ Ier. *De la première Mise de petit équipement.*

Due à chaque homme nouveau.

213. Chaque nouveau soldat a droit à une première mise de petit équipement, déterminée par le tarif, suivant l'arme à laquelle il appartient. Cette disposition n'est point applicable aux régimens suisses capitulés.

Sont considérés comme nouveaux soldats ayant droit à la première mise de petit équipement :

1° Les hommes de recrue,

2° Les enrôlés volontaires,

3° Les hommes rentrant des prisons de l'ennemi,

4° Les hommes réadmis au service,

5° Les déserteurs amnistiés,

6° Les hommes sortant des dépôts de condamnés aux travaux publics ou au boulet.

214. Tout homme qui, en arrivant dans un corps, paraît susceptible de réforme, n'a droit qu'à la moitié de la première mise du petit équipement : le surplus lui est alloué à l'époque de la première revue d'inspection, s'il est jugé propre au service.

Enfans de troupe.

215. Les enfans de troupe ont droit à la première mise lorsqu'ayant atteint l'âge de quatorze ans, et avant d'arriver à leur dix-huitième année, ils sont admis comme tambours, clairons ou trompettes. Ils y ont droit également lorsqu'à l'âge de dix-huit ans ils contractent un engagement, et s'ils n'ont pas déjà reçu cette gratification.

Musiciens et autres gagistes.

216. La première mise de petit équipement est due aux musiciens et maîtres ouvriers qui contractent un engagement pour un temps égal à celui déterminé par la loi du recrutement pour les hommes appelés sous les drapeaux.

Hommes passant dans les compagnies sédentaires.

217. Les hommes sortant de la ligne pour entrer immédiatement dans les compagnies sédentaires, n'ont pas droit à la première mise de petit équipement.

Cependant cette gratification est allouée aux hommes qui, rentrant des prisons de l'ennemi, sont incorporés de suite dans ces compagnies.

218. Les militaires faisant partie des compagnies sédentaires de la ligne, et qui, ayant servi précédemment dans la garde royale, sont désignés pour passer dans les compagnies sédentaires de cette garde, reçoivent la première mise de petit équipement.

Militaires passant d'une arme dans une autre.

219. Les sous-officiers et soldats sortant des corps de la ligne pour entrer dans la garde royale ont droit à la première mise de cette garde, suivant l'arme pour laquelle ils sont destinés.

220. Les hommes passant de la cavalerie dans l'infanterie reçoivent un supplément de première mise déterminé par les tarifs.

Militaires rentrant après une absence illégale.

221. Les militaires qui, après s'être absentés de leurs corps, rejoignent avant l'expiration des délais fixés pour la prévention de désertion, devant rentrer en possession de leur masse, n'ont pas droit à la première mise de petit équipement.

Ceux qui, après avoir été mis en prévention de désertion, sont absous par jugement, rentrant également dans la position où ils se trouvaient avant leur absence du corps, n'ont pas droit non plus à la première mise.

§ II. *De la première Mise d'équipement aux sous-officiers promus officiers.*

Fixation de la gratification.

222. Les sous-officiers promus officiers jouissent d'une gratification de première mise fixée suivant l'arme par le tarif.

Ceux qui sont promus dans la cavalerie, reçoivent, en outre, un cheval, à leur choix, pris dans la première remonte.

A qui allouée.

223. Cette gratification n'est allouée qu'aux sous-officiers des corps de l'armée qui, promus au grade d'officier, justifient de quatre ans au moins de service effectif et consécutif, comme sous-officiers et soldats, soit dans le même corps, soit dans des corps différens, mais faisant partie de l'armée.

Elle n'est point due aux sous-officiers passant, par l'effet d'une promotion, des corps de la ligne à l'état major.

224. Les sous-officiers promus officiers sont admis, pour l'obtention de la gratification de première mise, à compter leurs services antérieurs au licenciement de l'ancienne armée en 1815, pourvu que cette circonstance soit la seule cause de l'interruption de ces mêmes services.

Les services dans la marine n'y donnent point droit.

225. Les services de marine ne sont admis dans le compte des quatre ans exigés, que dans le cas prévu par l'article 138.

§ III. *De la Gratification d'entrée en campagne.*

Cas où elle est due.

226. Tout officier qui reçoit l'ordre de se rendre à une armée active, stationnée dans l'intérieur ou hors du royaume, et qui exécute cet ordre, a droit à la gratification d'entrée en campagne affectée à son grade.

4*

Officier promu dans le cours d'une même guerre.

227. Dans le cours d'une même guerre, c'est-à-dire, dans l'intervalle d'une paix générale à une autre, nul ne peut recevoir deux fois la gratification d'entrée en campagne affectée au même grade; mais à mesure qu'un officier avance en grade dans le cours d'une même guerre, il reçoit, s'il est à une armée active, le complément de la gratification affectée à son nouveau grade.

Droit d'allocation réservé au Ministre.

228. La gratification d'entrée en campagne ne peut être payée aux officiers qui y ont droit, que d'après un ordre spécial du Ministre secrétaire d'état de la guerre.

CHAPITRE III.

Des Masses.

Section Ire.

Des masses d'entretien.

§ Ier. *De la Masse d'entretien de l'Habillement.*

Comment allouée.

229. La masse d'entretien de l'habillement est payée aux corps sur le pied du complet en sous-officiers et soldats, fixé par les ordonnances d'organisation, ou sur le pied du complet provisoire, déterminé par les décisions ministérielles, lorsque les corps n'ont pas atteint leur complet d'organisation.

Si l'effectif dépasse le complet, la masse d'entretien de l'habillement est réglée d'après cet effectif, en prenant pour base le nombre de journées alloué par les revues, non compris celles des enfans de troupe.

Habillement des condamnés.

230. Il est alloué aux corps, en accroissement à la masse d'entretien, une somme fixe, portée au tarif, pour l'habillement de chaque homme condamné aux travaux publics ou au boulet.

Canonniers gardes-côtes.

231. L'existence des compagnies de canonniers gardes-côtes n'étant que temporaire, ces corps n'ont pas de masse d'entretien de l'habillement.

Lorsqu'ils doivent être mis en activité, il est pourvu à l'entretien de leur habillement au moyen de dispositions particulières que prescrit le Ministre secrétaire d'état de la guerre.

Corps de nouvelle formation.

232. Les corps de nouvelle formation reçoivent, en accroissement à la masse d'entretien d'habillement, et à titre de première mise de frais de bureau, une somme fixe, qui est déterminée, d'après leur arme, par le Ministre secrétaire d'état de la guerre.

§ II. *De l'entretien du Culte catholique.*

Première mise en cas de guerre.

233. Les corps ont droit à une première mise pour l'achat des ornemens, des vases sacrés, et autres objets nécessaires au culte catholique, et à une masse pour l'entretien et le renouvellement de ces objets.

Cette première mise et cette masse sont déterminées lorsque l'armée est portée au complet de guerre, et payées aux corps qui ont des aumôniers.

Abonnement en temps de paix.

234. En temps de paix, les corps dont les aumôniers sont en fonctions reçoivent annuellement, savoir :

Les corps de la garde royale, une somme de 200 francs, et les corps de la ligne, une somme de 100 francs, destinée entièrement à indemniser les fabriques des paroisses pour le prêt des ornemens et la fourniture du luminaire, du pain et du vin nécessaires à la célébration des messes militaires.

Les corps où l'emploi d'aumônier serait vacant, recevront annuellement une somme de 150 francs pour le même objet.

La même indemnité est pareillement due aux compagnies d'un même corps, lorsqu'elles sont détachées et que leur effectif est égal à celui d'un bataillon, et ce indépendamment de celle allouée à la portion principale du corps.

235. Les corps dont l'organisation ne comporte point d'aumônier, n'ont pas droit à cette indemnité.

§. III. *De la Masse d'entretien du Harnachement et Ferrage.*

Payée à l'effectif des chevaux.

236. La masse d'entretien du harnachement et ferrage est allouée pour toutes les journées de présence des chevaux des sous-officiers et soldats.

SECTION II.

De la Masse d'entretien des Voitures du train des Equipages militaires en temps de guerre.

Comment allouée.

237. Cette masse est allouée d'après l'effectif des voitures. Néanmoins, pendant la première année de leur mise en service, elle n'est allouée que sur pied de moitié de sa fixation.

SECTION III.

De la Masse de Cantines d'ambulance.

Première mise et entretien.

238. En temps de guerre, les régimens qui reçoivent l'ordre de se pourvoir de chevaux et de cantines d'ambulance, ont droit aux sommes déterminées par les tarifs, tant pour la première mise que pour l'entretien et le renouvellement de ces chevaux et cantines, et des objets de premier secours.

La masse affectée à l'entretien est due, à compter du lendemain du jour où les chevaux et les cantines ont été reçus.

CHAPITRE IV.

Dispositions particulières concernant les Troupes embarquées (1).

Division de ces troupes en trois catégories.

239. Les troupes mises à la disposition de la marine sont considérées sous trois rapports différens; savoir :

1° Celles qui sont destinées à former les garnisons de bord;

2° Celles qui sont embarquées pour aller tenir garnison sur un point autre que les colonies, ou pour une expédition d'attaque sur un point quelconque;

3° Enfin, celles qui vont tenir garnison dans les colonies.

Troupes au compte du département de la guerre.

240. Les troupes qui appartiennent aux première et deuxième catégories énoncées en l'article précédent, reçoivent, à compter du jour de leur mise à bord, et des caisses de la marine, par les

---

(1) *Voir* l'article 422, concernant les troupes levées pour la marine.

soins de ses agens, la solde et les masses auxquelles elles ont droit, mais seulement à titre d'avances remboursables par le département de la guerre.

Troupes au compte du département de la marine.

241. Les troupes embarquées pour aller tenir garnison aux colonies, sont à la charge du département de la marine, à compter du jour où elles débarquent dans les colonies.

Avances à faire par le département de la guerre,

Le jour de leur embarquement, elles ont droit aux avances ci-après déterminées, qui leur sont faites sur les fonds du département de la guerre; savoir :

1° Celles qui sont destinées pour les établissemens d'Afrique en-deçà du cap de Bonne-Espérance, un mois de solde et un mois de masse d'entretien;

2° Celles qui s'embarquent pour les colonies d'Amérique, deux mois de solde et deux mois de masse d'entretien;

3° Enfin, celles qui doivent se rendre dans les colonies situées au-delà du cap de Bonne-Espérance, trois mois de solde et trois mois de masse d'entretien.

242. Si le départ des troupes embarquées éprouve des retards, les avances sont renouvelées de manière qu'elles soient entières au moment de la mise à la voile.

243. Lorsqu'après la mise à la voile, les avances ne suffisent pas pour le temps de la traversée, la marine fait payer le surplus, à charge de remboursement, par le département de la guerre. Si ce surplus n'a point été payé, et que les militaires débarqués dans les colonies aient des réclamations à faire à cet égard, ces réclamations doivent être adressées aux agens de la marine, qui y font droit, s'il y a lieu.

244. Si les troupes arrivent au lieu de leur destination avant l'expiration du temps pour lequel elles ont reçu les avances prescrites par l'article 241, la portion de ces avances qui excède le temps de la traversée, est précomptée aux officiers sur leurs appointemens courans, et aux sous-officiers et soldats à raison du quart pour chacun des quatre mois qui suivent leur débarquement dans les colonies. Il est fait compte de ces reprises entre les deux ministères.

Il n'y a pas lieu à restitution pour les militaires décédés durant la traversée.

245. Les officiers, sous-officiers et soldats qui s'embarquent pour les colonies, n'ont droit ni aux indemnités de logement et de fourrage, ni à la masse de harnachement et ferrage, pour le temps de leur traversée.

Troupes revenant des colonies.

246. Les troupes revenant des colonies continuent d'être à la

charge de la marine jusqu'à ce qu'elles soient remises à la disposition du ministère de la guerre. Dans ce cas, elles rentrent au compte de ce dernier ministère à dater du jour de leur débarquement.

Extension de ces mesures aux officiers sans troupe.

247. Toutes les dispositions ci-dessus prescrites pour les corps de troupe sont applicables aux officiers sans troupe et aux employés militaires qui se trouvent dans les mêmes positions.

TITRE III.

DES PRESTATIONS EN NATURE.

CHAPITRE Ier.

Des Subsistances et du Chauffage.

SECTION Ire.

Des Subsistances.

---

§ Ier. *Du Pain.*

A qui dû sur le pied de paix.

248. Le pain de munition est dû sur le pied de paix, à raison d'une ration par homme et par jour, à tous les sous-officiers, soldats et enfans des corps de troupe de toutes les armes (la gendarmerie exceptée), tant en station qu'en route, lorsqu'ils marchent en corps ou en détachement.

A qui dû sur le pied de guerre.

249. Le pain de munition est dû sur le pied de guerre aux officiers, sous-officiers et soldats présens aux corps de toutes les armes (sauf l'exception portée en l'article 251), ainsi qu'aux militaires sans troupe et employés militaires.

Le nombre de rations attribué à chaque officier ou employé est réglé par le tarif, suivant son arme, son grade et la nature de ses fonctions.

Militaires détenus.

250. Sur le pied de guerre, le pain est dû à tout militaire détenu; sur le pied de paix, il n'est dû qu'aux sous-officiers et soldats.

Cas où le pain n'est pas dû.

251. Le pain n'est point dû aux hommes en congé, en semestre,

en permission, en garnisaires, à l'hôpital ou marchant isolément.

Il n'est pas dû non plus, en temps de guerre, aux militaires nourris chez l'habitant.

252. Les officiers généraux et autres qui ont autorisé les corps à envoyer des hommes en garnisaires, sont tenus, sous leur responsabilité personnelle, d'en prévenir l'intendant militaire de la division ou du corps d'armée.

Composition de la ration.

253. La composition et le poids de la ration de pain sont déterminés par l'ordonnance sur les subsistances.

Canonniers gardes-côtes.

254. Les compagnies de canonniers gardes-côtes n'ont pas droit, dans leur position habituelle, à la fourniture du pain en nature; elles reçoivent néanmoins, toutes les fois qu'elles le demandent, la ration de pain des magasins militaires, en subissant sur leur solde, et au profit du trésor, pour chaque ration, une retenue équivalente aux prix déterminés par le tarif dont il sera parlé à l'article 593 de la présente ordonnance.

Lorsqu'elles sont placées dans une position différente de leur système d'organisation, elles ont droit, soit en station, soit en route, à la fourniture gratuite du pain.

§ II. *Des Vivres de campagne.*

Dus généralement sur le pied de guerre.

255. Les vivres de campagne sont dus aux officiers de tous grades, aux sous-officiers et soldats de toutes les armes, ainsi qu'aux employés et sous-employés militaires présens, sur le pied de guerre, suivant les règles prescrites pour l'allocation de la solde de guerre.

256. La fourniture des vivres de campagne, pour les sous-officiers et soldats, est faite sur le pied d'une ration par homme et par jour; et pour les officiers et employés militaires, à raison du nombre de rations de subsistances déterminé par les tarifs pour chaque grade ou emploi.

Cas où ces vivres peuvent être alloués sur le pied de paix.

257. Sur le pied de paix, les vivres de campagne peuvent être accordés éventuellement, en vertu de décisions spéciales, aux sous-officiers et soldats tenant garnison dans les forts ou îles en mer. Dans ce cas, la troupe n'a droit qu'à la solde avec vivres de campagne.

258. La fourniture des vivres de campagne accordée éventuellement dans l'intérieur du royaume, en vertu de l'article précé-

dent, peut être suppléée par une indemnité en deniers représentative de la ration. Cette substitution n'a lieu que lorsqu'elle est autorisée par une décision spéciale du Ministre secrétaire d'état de la guerre.

Canonniers gardes-côtes.

259. Les compagnies de canonniers gardes-côtes ont droit aux vivres de campagne, lorsqu'elles font le service avec des troupes jouissant de cet avantage.

Substitution d'une denrée à une autre.

260. Dans les distributions de vivres, une denrée ne peut être substituée à une autre sans un ordre spécial du Ministre secrétaire d'état de la guerre, ou, en cas d'urgence, du général commandant en chef, lequel doit concerter cette mesure avec l'intendant de de l'armée ou de la division, et en rendre compte sur-le-champ au Ministre (1).

§ III. *Des Liquides.*

Distributions; par qui autorisées.

261. Le droit aux distributions de liquides est acquis aux hommes de troupe présens sous les armes, lorsque des décisions du Ministre secrétaire d'état de la guerre, ou des ordres des généraux en chef commandant les armées, en ont prescrit la distribution.

Cependant, en cas d'urgence, l'intendant ou le sous-intendant militaire doit, sur l'invitation du général commandant une division territoriale, autoriser la distribution; mais il est tenu d'en rendre compte immédiatement au Ministre secrétaire d'état de la guerre.

Distributions pour revues d'inspection.

262. Lorsqu'il y a lieu de faire des distributions extraordinaires de vin et d'eau-de-vie à l'occasion d'une inspection, le droit n'en est acquis qu'aux hommes présens à la revue, et en vertu des seuls ordres de l'inspecteur général, lequel, toutefois, ne peut autoriser qu'une distribution pour chaque corps dans le courant d'une même inspection.

Remplacement par une indemnité.

263. Lorsque, sur le pied de paix, les prestations en liquides ne sont point fournies en nature, elles sont représentées par les indemnités en argent mentionnées en l'article 202, et calculées par homme et par jour.

Les enfans de troupe n'ont droit qu'à la distribution ou à l'indemnité représentative de vinaigre.

---

(1) Cette disposition est commune au service des fourrages.

§ IV. *Des Fourrages.*

Règles générales d'allocation.

264. Les militaires autorisés à avoir des chevaux, et qui ne reçoivent pas l'indemnité représentative de fourrages, ont droit, dans toutes les positions, à des rations de fourrages dont la composition, propre à chaque arme, est déterminée suivant le cas de paix ou de guerre, de station ou de route, par l'ordonnance sur les subsistances.

265. Aucun militaire ne peut recevoir un nombre de rations de fourrages supérieur à celui attribué à son grade et à sa position sur le pied de paix ou sur le pied de guerre, ni à l'effectif de ses chevaux.

Cas où l'indemnité représentative peut être remplacée par les fourrages en nature.

266. Les officiers sans troupe ou des corps d'infanterie et les employés militaires auxquels l'indemnité de fourrages est attribuée, ne peuvent, à moins d'une décision spéciale du Ministre secrétaire d'état de la guerre, recevoir les fourrages en nature que lorsqu'ils font partie d'une armée ou d'un rassemblement sur le pied de guerre. Ces rations leur sont allouées depuis le jour inclus où ils ont été mis sur le pied de guerre, jusqu'au jour exclus où ils rentrent sur le pied de paix. On suit pour cette allocation les règles tracées par l'article 44 pour la solde de guerre.

Officiers de cavalerie s'absentant de leurs corps avec leurs chevaux.

267. Les officiers des corps de cavalerie allant en mission, en congé ou aux eaux, et ceux qui sont nommés membres d'un conseil de guerre séant hors du lieu de leur garnison, cessent, lorsqu'ils emmènent leurs chevaux avec eux, d'avoir droit aux rations de fourrages des magasins militaires, à compter du jour de leur départ, jusqu'au jour inclus de leur retour.

Officiers de cavalerie changeant de position.

268. Les officiers des corps de cavalerie remis en activité ne peuvent jouir des rations de fourrages attribuées à leur grade, qu'à compter du lendemain de leur arrivée au corps; il en est de même de ceux passant d'un corps dans un autre. Ceux voyageant isolément ne peuvent pareillement recevoir les fourrages en nature pour le temps de leur route.

269. Les officiers promus, sans changer de corps, à un grade qui leur donne droit à un nombre de rations de fourrages supérieur à celui dont ils jouissaient auparavant, reçoivent pareillement les rations attribuées à leur nouveau grade ou à leur nouvel emploi, à compter du jour où ils en touchent la solde, pourvu

qu'ils aient le nombre de chevaux déterminé pour ce grade ou cet emploi.

Officier de cavalerie détenu ou en jugement.

270. Tout officier en fonctions dans un corps de cavalerie, en jugement ou temporairement détenu, conserve ses droits aux rations de fourrages attribuées à son grade. Ces droits ne cessent que le jour où, pour une cause quelconque, il est rayé des contrôles du corps.

Époque à laquelle les officiers doivent être pourvus du nombre de chevaux sur le pied de guerre.

271. Lorsque les corps de cavalerie sont dans le cas de se rendre aux armées, le Ministre secrétaire d'état de la guerre fixe les époques où les officiers doivent être pourvus du nombre de chevaux sur le pied de guerre. Les fourrages, pour le nombre de ces chevaux, leur sont alloués, à dater du jour où ils ont exécuté ses ordres.

Les majors, les trésoriers et les officiers d'habillement, ne doivent se monter sur le pied de guerre, que lorsqu'ils reçoivent du Ministre secrétaire d'état de la guerre l'ordre de se rendre aux armées.

Fourrages sur le pied de guerre.

272. Les fourrages sur le pied de guerre sont alloués aux corps de cavalerie à dater du lendemain de leur arrivée aux armées ou rassemblemens sur le pied de guerre, jusqu'au jour exclus de leur départ de ces armées ou rassemblemens.

Chevaux laissés au dépôt par les officiers partant pour l'armée.

273. Les officiers de cavalerie partant pour l'armée peuvent, avec l'autorisation du commandant du corps, laisser au dépôt ceux de leurs chevaux qui sont jugés, par les maréchaux vétérinaires, être incapables de se mettre en route. Ces chevaux ne peuvent toutefois y rester plus de trois mois après le départ des officiers; et, s'ils sont rétablis avant l'expiration de ce terme, ils doivent leur être renvoyés avec le premier détachement qui se rend à l'armée.

Fourrage sur le pied de route.

274. Les rations de fourrages sur le pied de route sont allouées à dater du jour du départ, jusqu'au jour inclus de l'arrivée à la destination.

Mise au vert des chevaux de cavalerie.

275. Le Ministre secrétaire d'état de la guerre détermine, chaque année, l'époque où les chevaux de cavalerie doivent être mis au vert; ils sont passés en revue, à leur départ et à leur retour, par les sous-intendans militaires employés sur les lieux.

Chevaux de remonte.

276. Les chevaux de remonte ne commencent à participer aux distributions de fourrages qu'à compter du jour de leur réception.

Officiers d'infanterie âgés de plus de 50 ans.

277. Les capitaines, lieutenans et sous-lieutenans d'infanterie, âgés de plus de cinquante ans, ont droit à une ration de fourrages pour un cheval, lorsqu'ils font partie d'une armée active.

Section II.

Du Chauffage.

A qui dû.

278. Sur le pied de paix, les sous-officiers et soldats des corps de troupe ont seuls droit aux rations de chauffage.

Elles ne peuvent être accordées en temps de guerre aux officiers généraux, supérieurs et autres, qu'en vertu d'une décision spéciale du général commandant en chef, concertée avec l'intendant en chef de l'armée.

Droit des sous-officiers à la double ration.

279. Les sous-officiers, y compris les fourriers, les caporaux-tambours, les brigadiers-trompettes, les chefs de musique et les maîtres ouvriers, reçoivent une ration double de celle du soldat.

Les brigadiers et caporaux, les tambours et trompettes, les musiciens, les soldats et les enfans de troupe, n'ont droit qu'à la ration simple.

Les sous-officiers des régimens suisses, en jugement et détenus dans les prisons du corps, n'ont droit qu'à la simple ration de chauffage, comme les caporaux et soldats.

Hommes de recrue casernés.

280. Les hommes de recrue réunis aux chefs-lieux de département, pendant les opérations de la levée, n'ont droit à la fourniture du chauffage que lorsqu'ils sont casernés.

Journées de présence donnant droit au chauffage.

281. Les rations de chauffage sont allouées pour les journées de présence donnant droit à la solde de garnison ou de campagne. Cependant, elles ne sont dues aux sous-officiers et soldats logés chez l'habitant qu'à compter de l'expiration du troisième jour de leur entrée dans la place ou le cantonnement, y compris le jour de l'arrivée.

Les militaires employés comme garnisaires n'y ont aucun droit.

Lorsque les troupes sont casernées le jour même de leur arrivée dans une place, elles ont droit au chauffage pour ce jour d'arrivée.

Composition des rations.

282. La quotité de la ration de chauffage, et la nature des combustibles qui entrent dans sa composition, varient suivant les saisons et les lieux. Ces variations sont indiquées par l'ordonnance sur le chauffage.

SECTION III.

Disposition commune aux fournitures des Vivres, fourrages et Chauffage.

Moins perçus.

283. Les moins perçus en vivres, fourrages et chauffage, ne peuvent donner lieu à aucun rappel.

CHAPITRE II.

Du Logement.

Sous-officiers et soldats.

284. Le logement est dû aux sous-officiers et soldats de toutes armes, dans toutes les positions qui leur donnent droit à une solde de présence.

Officiers sur le pied de guerre.

285. Sur le pied de guerre, le logement est dû aux officiers de tous grades et de toutes armes, ainsi qu'aux employés des administrations militaires. A défaut de bâtimens militaires, il y est pourvu par le soin des autorités locales.

Officiers sur le pied de paix.

286. Sur le pied de paix, tout officier en activité a droit au logement meublé. A défaut d'emplacement dans les bâtimens de l'état, ou de meubles dans ces mêmes bâtimens, il y est suppléé par les indemnités représentatives énoncées en l'art. 182.

Militaires en route.

287. Les officiers, sous-officiers et soldats de toutes armes, marchant isolément ou avec leur corps, et généralement tous les individus voyageant avec une feuille de route, ont droit au logement fourni par les autorités locales, avec éclairage pour les officiers, et place au feu et à la chandelle pour les hommes de troupe.

CHAPITRE III.

Du Gîte et Geolage.

En quoi consistent ces prestations.

288. Les prestations de gîte et geolage se composent de la paille de couchage et d'une prime en deniers payable par journée de détention. Cette prime est destinée à pourvoir à la fourniture des alimens autres que le pain, et dont l'espèce et la quotité sont déterminées annuellement par les arrêtés des préfets.

A qui dues.

289. Ces prestations sont dues aux sous-officiers et soldats détenus dans les prisons militaires ou civiles, et à ceux voyageant sous l'escorte de la gendarmerie.

Par qui fournies.

290. Le pain est fourni par les magasins militaires ; les autres alimens et la paille sont fournis par les concierges.

Fixation des prix.

291. Le prix de la paille de couchage est réglé au commencement de chaque année par les préfets. Le prix des alimens, autre que le pain, est fixé à vingt centimes par jour pour les hommes conduits de prison en prison sous l'escorte de la gendarmerie, et à quinze centimes pour ceux traduits au conseil de guerre, ou subissant, par suite de jugement, une détention à l'expiration de laquelle ils doivent rejoindre leurs corps.

Il est alloué en outre aux concierges, à titre de frais de gîte et geolage, deux centimes et demi par journée de militaire détenu.

Le prix des alimens et celui de gîte et geolage, sont augmentés de moitié en sus pour les militaires détenus à Paris.

Militaires détenus par mesure de discipline.

292. Les militaires détenus par forme de discipline, et à défaut de prison dans les casernes, sont nourris par les soins de leurs corps. Il n'est dû pour eux aux concierges que les frais de gîte et geolage, et le prix de la paille de couchage.

IIe PARTIE.

DES RÈGLES A SUIVRE POUR LES PAIEMENS.

TITRE Ier.

DISPOSITIONS GÉNÉRALES RELATIVES AUX PAIEMENS.

CHAPITRE Ier.

Des Époques des Paiemens.

SECTION Ire.

De la Solde des Officiers et de ses accessoires.

Solde.

293. La solde des officiers sans troupe de toutes classes, des officiers des corps de troupe et des employés des administrations militaires, se paie par mois à terme échu.

Accessoires de solde.

294. Les indemnités de représentation, de logement et de fourrages, les frais de bureau et autres accessoires de solde inhérens aux positions respectives des officiers ou employés militaires, sont également payés par mois, à terme échu, et compris sur les mêmes états de paiement que la solde.

Délégations.

295. Les délégataires, autres que ceux des officiers employés dans les colonies, sont aussi payés par mois, et à terme échu, des sommes qui leur ont été déléguées sur le vu du certificat constatant l'existence des délégans.

Cette disposition est applicable aux individus qui, conformément à l'article 109, auraient été autorisés à recevoir des secours sur la solde de captivité des officiers et employés militaires prisonniers de guerre.

SECTION II.

De la Solde de la Troupe.

Solde de la troupe et supplémens.

296. La solde de la troupe et les supplémens acquittables avec la solde se paient à l'avance les 1er et 17 de chaque mois.

Haute-paie.

297. La haute-paie journalière, quoique perçue à l'avance, n'est distribuée à la troupe qu'à la fin de chaque mois.

Indemnités de vivres.

298. Dans les cas prévus par les articles 202, 258 et 263, les indemnités représentatives des vivres de campagne ou de liquides, se paient comme la solde, aux mêmes époques et suivant les mêmes formes.

Canonniers gardes-côtes.

299. La solde des officiers, sous-officiers et soldats des compagnies de canonniers gardes-côtes sédentaires, est payée, comme par le passé, les 1er et 16 de chaque mois, à terme échu, sur état collectif conforme au modèle n° 1er (1).

Sous-employés des administrations.

300. Les sous-employés des hôpitaux et des autres services administratifs, les agens et surveillans des ateliers de condamnés au boulet, sont payés de leur solde tous les mois, à terme échu, sur des états nominatifs conformes au modèle n° 2.

Prisonniers de guerre étrangers.

301. Les prisonniers de guerre étrangers réunis en dépôt sont payés, savoir :

Les officiers, tous les mois, à terme échu; et les sous-officiers et soldats, à l'avance, les 1er et 17 de chaque mois.

Les états pour les uns et les autres doivent être établis suivant les modèles nos 3 et 4, séparément pour les prisonniers de chaque puissance.

CHAPITRE II.

Du Décompte des diverses allocations.

SECTION Ire.

Des Officiers.

Portions de traitement à décompter par mois.

302. La solde et les accessoires de la solde des officiers, autres que les indemnités de logement, vivres et fourrages, se décomptent par mois, à raison de la 12e partie de la fixation annuelle, et par jour à raison de la 360e partie de la même fixation.

Les journées à ajouter au mois de février pour compléter le nombre

---

(1) Voir la note mise en tête du présent Réglement.

de trente, se décomptent sur le pied de la solde fixée pour la position dans laquelle se trouve l'officier au dernier jour de ce mois.

Idem par quinzaine.

303. Les indemnités de logement et d'ameublement se décomptent par quinzaine, conformément aux dispositions de l'article 188.

Les quinzaines de logement se comptent du 1er au 15, et du 16 au dernier jour de chaque mois.

Idem par journée.

304. Les indemnités de vivres et de fourrages se décomptent à raison du nombre effectif de journées pour lequel elles sont dues.

SECTION II.

De la Troupe.

Solde et supplément à décompter par jour.

305. La solde des sous-officiers, soldats et enfans de troupe de toutes armes, se décompte à raison de sa fixation journalière et du nombre effectif de jours pour lequel elle est due.

La même disposition est applicable à la haute-paie journalière.

306. La portion de haute-paie acquittable à l'avance se décompte pour toute la durée du rengagement, et à raison de trois cent soixante-cinq jours par chaque année. On suit pour cette opération la progression des classes que le militaire rengagé doit successivement parcourir, ainsi qu'il est dit à l'article 140.

CHAPITRE III.

Du Mode des Paiemens.

SECTION Ire.

Des États de paiement.

Par qui ordonnancés.

307. Tous les états de paiement à acquitter par les payeurs de la guerre, en vertu des dispositions de la présente ordonnance, sont ordonnancés par les intendans et sous-intendans militaires.

Cependant, si une troupe en passage, ou devant partir inopinément, avait une somme à recevoir pour solde de route, et qu'il ne se trouvât sur les lieux ni sous-intendant ni intendant militaire, dans ce cas seulement les commandans de place, et, à leur défaut, les préfets et sous-préfets pourront ordonnancer les états de paiement, à la charge par eux d'adresser de suite une expédition de ces états à l'intendant militaire de la division, qui fait régulariser la dépense.

Mandats individuels pour les officiers sans troupe.

308. Les officiers sans troupe et employés militaires sont payés de leur solde et accessoires sur des mandats individuels conformes aux modèles nos 5 et 6.

États collectifs pour les officiers de corps.

309. Les officiers des corps de troupe sont compris, pour le paiement des différentes allocations auxquelles ils ont droit, sur des états collectifs établis au titre de leur corps et conformes au modèle n° 7.

États individuels pour les délégataires.

310. Les délégataires, autres que ceux des officiers tenant garnison dans les colonies, et les individus auxquels il a été accordé des secours sur la solde de captivité des prisonniers de guerre, sont payés sur des mandats individuels conformes au modèle n° 8. Ces mandats sont établis au titre de la classe dont le délégant ou le prisonnier fait partie, s'il est officier sans troupe ou employé militaire, et au nom du corps auquel il appartient, s'il est officier de troupe.

États collectifs pour la troupe.

311. La solde des sous-officiers, soldats et enfans de troupe, est payée sur des états conformes au modèle n° 9, présentant le nombre par grade des hommes présens, avec les augmentations ou diminutions résultant des mutations survenues pendant la dernière quinzaine.

Cependant, les augmentations ou diminutions, pour la dernière quinzaine d'un trimestre, ne sont portées que sur l'état de paiement de la solde des officiers, pour le dernier mois du trimestre. L'état des mutations qui y donnent lieu est conforme au modèle n° 10.

Haute-paie journalière à y comprendre.

312. La haute-paie journalière, pour la totalité de chaque mois, est toujours comprise sur l'état de paiement de la deuxième quinzaine du même mois.

Haute-paie à l'avance et objets divers à comprendre sur les états de solde des officiers.

313. La portion de haute-paie acquittable à l'avance, la première mise de petit équipement, et la gratification de première mise aux sous-officiers promus officiers, sont portées sur les états de paiement de la solde des officiers, pour le mois auquel ces dépenses s'appliquent.

On y comprend également la gratification d'entrée en campagne et les indemnités pour pertes de chevaux et d'effets, mais seulement lorsque le paiement de ces divers objets a été autorisé par le Ministre secrétaire d'état de la guerre.

États de paiement ; par qui quittancés.

314. Les mandats de paiement délivrés aux militaires sans troupe,

aux employés militaires et aux individus désignés en l'article 317, sont quittancés par eux.

Ceux délivrés aux corps ou portions de corps sont quittancés par tous les membres du conseil d'administration.

Les mandats de paiement délivrés aux portions de corps n'ayant point de conseil d'administration, sont quittancés par l'officier qui les commande.

SECTION II.

Des Livrets de solde.

---

§. Ier. *De l'Usage des Livrets.*

Établissement des livrets.

315. Les militaires sans troupe, les corps de troupe et les détachemens autorisés à percevoir directement leur solde à la caisse des payeurs, doivent être pourvus de livrets de paiement.

Pour les militaires sans troupe, les livrets sont individuels, et pour les corps de troupe et détachemens, ils sont collectifs, et conformes aux modèles nos 11 et 12.

Leur destination.

316. Ces livrets sont destinés à recevoir l'inscription de toutes les sommes payées pour solde, indemnités et autres prestations en deniers de toute espèce.

Livrets des délégataires.

317. Les délégataires des militaires sans troupe, des employés militaires, des officiers de troupe, dans les cas prévus par l'article 55 de la présente ordonnance, et les individus qui, conformément à l'article 109, ont été autorisés à recevoir des secours sur la solde desdits militaires, reçoivent pareillement des livrets pour servir à l'inscription des sommes qu'ils touchent des payeurs de la guerre.

Ces livrets font mention desdits ordres ou délégations, des noms et résidences des délégataires, et des noms, grades, emplois et résidences des délégans.

Fourniture des livrets.

318. Les livrets sont fournis gratuitement, par le Ministre de la guerre, et délivrés au commencement de chaque année, par les soins des intendans et sous-intendans militaires, aux officiers sans troupe et employés militaires de leurs arrondissemens.

Les corps et les détachemens s'administrant eux-mêmes, se procurent à leurs frais les livrets qui leur sont nécessaires.

Forme des livrets.

319. Les livrets portent en tête l'indication de l'année pour laquelle ils doivent servir. On y indique en outre :

Pour les militaires sans troupe, l'arme ou le corps spécial auquel ces militaires appartiennent, leurs noms, prénoms, grade, classe, fonctions et résidence;

Pour les corps de troupe, l'arme dont ils font partie, leur dénomination ou numéro, les noms des militaires commandant, soit les corps entiers, soit les détachemens ; plus, les noms et grades des comptables autorisés à percevoir les fonds des caisses du trésor.

Conditions prescrites pour leur validité.

320. L'intendant ou sous-intendant militaire qui délivre un livret, après en avoir côté et paraphé tous les feuillets, y appose sa signature et son cachet; le livret est ensuite signé par la partie prenante, s'il s'agit d'un militaire sans troupe, et s'il s'agit d'un corps ou d'un détachement, par les membres du conseil d'administration principal ou éventuel, ou par l'officier commandant, suivant le cas.

Unité du livret pour chaque corps.

321. Il n'y a qu'un seul livret de paiement pour toutes les parties d'un corps qui se trouve dans le même département.

Cas où il est dérogé à ce principe.

Mais lorsqu'un détachement se sépare de son corps pour aller dans un autre département, il lui est délivré, avant son départ, un livret en tête duquel le conseil d'administration inscrit et signe l'autorisation audit détachement d'en tenir l'administration, et de toucher des payeurs de la guerre toutes les sommes qui peuvent lui revenir. Ce livret est signé en tête par le chef dudit détachement, côté et paraphé par le sous-intendant militaire ayant l'inspection du corps.

322. Les dispositions de l'article précédent sont applicables au cas de subdivision de tout détachement s'administrant lui-même.

Militaire autorisé à toucher isolément sa solde sans livret.

323. Lorsqu'un militaire appartenant à un corps, et absent de ce corps par congé, mission, etc., a été autorisé à toucher sa solde isolément, la pièce en vertu de laquelle il s'est absenté, est considérée comme livret de solde, et le payeur est tenu d'y inscrire tous les paiemens qu'il lui fait.

Changement de destination d'un officier sans troupe ou d'un corps.

324. Lorsqu'un militaire sans troupe, un employé militaire, un corps ou un détachement s'administrant lui-même, doit passer de

l'arrondissement d'un sous-intendant militaire dans un autre arrondissement, il est tenu, avant son départ, de faire arrêter son livret de paiement par le sous-intendant; et s'il est dans le cas de subir des retenues pour sommes dues au trésor royal, pour les causes exprimées aux articles 435 et 436 de la présente ordonnance, le sous-intendant fait dans son arrêté, et sous sa responsabilité personnelle, mention de l'ordre de retenue et de la somme restant à recouvrer.

§. II. *Du Renouvellement des Livrets,*

Époque du renouvellement et destination à donner aux anciens livrets.

325. Les livrets des militaires sans troupe et employés militaires, et ceux des corps et détachemens, sont renouvelés tous les ans. Ceux des militaires sans troupe et employés militaires, sont retirés par les intendans et sous-intendans, et conservés dans leurs archives pendant deux ans; après quoi ils sont détruits.

Ceux des corps et des détachemens restent dans les archives des dépôts, comme pièces comptables, pour être représentés lors des vérifications de comptabilité.

Les livrets des détachemens s'administrant eux-mêmes, sont renouvelés sans le concours des conseils d'administration des corps.

Annotations à porter sur les nouveaux livrets.

326. Lors du renouvellement annuel des livrets de paiement des militaires sans troupe, les intendans et sous-intendans militaires indiquent sur les nouveaux livrets, les sommes qui restent dues par suite de droits acquis et constatés; ils y indiquent également les retenues qui peuvent avoir été ordonnées sur la solde des parties prenantes et qui ne sont pas encore entièrement effectuées.

§. III. *Du Cas de perte d'un Livret.*

Livret perdu par un officier sans troupe.

327. Lorsqu'un officier sans troupe ou un employé militaire a perdu son livret, il en fait la déclaration par écrit au sous-intendant, et affirme sur l'honneur, qu'il ne l'a point engagé entre les mains d'un tiers, et que la perte est réelle. Il est tenu, en outre, de produire un certificat du payeur, constatant le dernier paiement qui lui a été fait.

328. D'après la déclaration, et sur la remise du certificat mentionnés ci-dessus, le sous-intendant est autorisé à délivrer un nouveau livret par *duplicata ;* mais il doit préalablement y faire inscrire et signer en sa présence ladite déclaration par le militaire qui réclame le remplacement du livret perdu.

Livret perdu par un corps de troupe ou un détachement.

329. En cas de perte du livret d'un corps de troupe ou d'une portion de corps s'administrant elle-même, il en est délivré un *duplicata*, sur la déclaration du conseil d'administration ou du commandant, attestant la réalité de la perte. Cette déclaration est inscrite en tête du *duplicata*.

Précautions à prendre pour éviter les doubles emplois.

330. Dans les cas prévus par les articles qui précèdent, le livret délivré en remplacement du livret perdu, doit porter la mention sommaire des sommes précédemment payées à la partie prenante, ou au moins l'indication de l'époque jusqu'à laquelle cette partie prenante a été payée.

Aucun paiement pour sommes acquises par un militaire sans troupe antérieurement au premier jour du mois dans lequel la perte a eu lieu, ne peut être ordonnancé que d'après une autorisation spéciale du Ministre secrétaire d'état de la guerre, provoquée par l'intendant militaire, sur le rapport du sous-intendant.

Cas de fausse déclaration de perte d'un livret.

331. Tout militaire ou employé militaire convaincu d'avoir fait une fausse déclaration de perte de livret, est privé de son emploi, sans préjudice des autres peines qu'il a pu encourir, s'il a profité de cette déclaration pour se faire payer des sommes qui ne lui étaient pas dues.

Officiers rentrant des prisons de l'ennemi.

332. Lorsqu'un militaire sans troupe, rentrant des prisons de l'ennemi, a perdu son livret de paiement, il lui en est délivré un nouveau dans la résidence la plus voisine des frontières, par le sous-intendant appelé à ordonnancer le paiement, qui doit être fait conformément à l'article 101.

Il est pareillement délivré un livret à tout officier de troupe rentrant des prisons de l'ennemi, pour servir à l'enregistrement des sommes qui lui seront payées individuellement, jusqu'à la réception de nouvelles lettres de service dans un corps de troupe.

Section III.

Du Paiement des Mandats.

Par qui payés.

333. Tout état de paiement, soit individuel, soit collectif, n'est payable qu'à la caisse du payeur sur lequel le mandat est tiré.

Payés à vue.

334. Les états ou mandats de paiement ordonnancés par l'inten-

dant militaire de la division ou le sous-intendant militaire de l'arrondissement, soit pour des militaires sans troupe, soit pour des corps de troupe, sont payés à vue par le payeur, sur les fonds qui lui ont été faits pour cette dépense.

Cas de refus de paiement.

335. Si un payeur refuse le paiement d'un mandat délivré dans l'un des cas prévus par la présente ordonnance, pour cause d'omission ou d'irrégularité, l'intendant ou le sous-intendant signataire de ce mandat peut requérir, par écrit et sous sa responsabilité, qu'il soit passé outre au paiement, et le payeur est tenu de déférer à cette réquisition.

Dans ce cas, l'ordonnateur de la dépense rend compte immédiatement au Ministre secrétaire d'état de la guerre des circonstances et des motifs qui ont nécessité l'application de cette mesure.

Section IV.

Des Rappels.

Rappels sur l'exercice courant.

336. Les rappels appartenant à l'exercice courant, tant pour les militaires sans troupe que pour les corps de troupe, sont ordonnancés en même temps que la solde courante, et compris sur les mêmes mandats.

Rappels sur un exercice expiré.

337. Les rappels de solde, accessoires de solde et masse d'entretien, portant sur un exercice expiré, sont considérés comme appartenant au trimestre pour lequel a été établie la revue qui en constate le droit; en conséquence, ils sont également ordonnancés sur les fonds de l'exercice courant, et compris sur les mêmes mandats que la solde courante.

Cas où les paiemens d'un exercice ont été suspendus.

338. Lorsque, dans le cours d'un exercice, le paiement de la solde et des masses d'entretien a été suspendu, les sommes qui restent à payer sur ces dépenses après l'expiration de cet exercice, ne peuvent être acquittées que sur des crédits spéciaux et sur des états ou mandats au titre dudit exercice.

TITRE II.

DU PAIEMENT DES MILITAIRES SANS TROUPE.

CHAPITRE Ier.

Du Classement.

Division en treize classes.

339. Les officiers sans troupe et les employés militaires sont rangés, pour l'ordre de la comptabilité, en treize classes.

Première Classe.

Les maréchaux de France, les officiers généraux, les inspecteurs généraux d'armes, les officiers supérieurs et autres du corps royal d'état major, et les secrétaires archivistes des divisions militaires.

Deuxième Classe.

Les intendans, sous-intendans militaires et sous-intendans adjoints.

Troisième Classe.

Les officiers des états majors de place, les secrétaires archivistes et les portiers-consignes des places de guerre.

Quatrième Classe.

Les officiers de l'état major particulier de l'artillerie, jusqu'au grade de colonel inclusivement; les gardes et employés d'artillerie; les officiers d'état major du train d'artillerie, et les officiers d'état major des compagnies de canonniers gardes-côtes.

Cinquième Classe.

Les officiers de l'état major particulier du génie, jusqu'au grade de colonel inclusivement; les gardes et employés de cette arme.

Sixième Classe.

Le corps des ingénieurs géographes, depuis les élèves sous-lieutenans, jusqu'au grade de colonel inclusivement.

Septième Classe.

Les officiers de l'état major et des parcs des équipages militaires.

Huitième Classe.

Les officiers en congé illimité et des cadres de remplacement.

Neuvième Classe.

Les officiers de santé des hôpitaux et des ambulances.

Dixième Classe.

Les employés des hôpitaux.

Onzième Classe.

Les employés de l'habillement et du campement.

Douzième Classe.

Les employés des subsistances militaires, des fourrages et du chauffage, en les divisant par nature de service.

Treizième Classe.

Les employés des équipages militaires.

340. Les officiers jouissant du traitement de disponibilité doivent être compris sur les états de leurs classes respectives.

Officiers détachés de leurs corps.

341. Les officiers de l'artillerie et du génie appartenant à des corps, et détachés dans des places ou des établissemens militaires, ne sont pas compris sur les états des quatrième et cinquième classes; il est fait pour eux des états séparés au titre de leurs corps respectifs.

342. Les officiers employés près les dépôts de recrutement ne sont compris sur les états de paiement des officiers sans troupe, que dans le cas où ils appartiennent à l'une des classes énoncées en l'article 339; autrement, ils doivent toujours être payés au titre des corps dont ils font partie.

CHAPITRE II.

De la Formation des États de Paiement.

SECTION Ire.

Etablissement des États généraux et individuels.

États de mutations établis par classe.

343. Le dernier jour de chaque mois, les chefs des première, troisième, quatrième, cinquième, sixième, septième, neuvième, dixième, onzième, douzième et treizième classes, dans chaque arrondissement ou dans chaque corps d'armée, forment, en simple expédition, un état nominatif des officiers ou employés de leurs classes, contenant leurs noms, grades, résidences et mutations. Ces états sont conformes

au modèle n° 13. Ils sont certifiés par les chefs des classes respectives, et adressés dans le jour à l'intendant divisionnaire ou au sous-intendant militaire, suivant les cas prévus par l'article 453.

344. Les états nominatifs des officiers appartenant à la huitième classe doivent être établis par les sous-préfets ou par les maires, qui les adressent le dernier jour de chaque mois, à l'intendant ou au sous-intendant chargé de la tenue des contrôles.

345. Les délégataires des officiers sans troupe et des employés militaires payables sur les fonds du département de la guerre, et les personnes autorisées à recevoir des secours sur la solde des prisonniers de guerre, ne sont pas compris dans ces états; il en est établi pour eux de particuliers, mais toujours au titre de la classe à laquelle appartient le délégant ou le prisonnier.

Mandats individuels de paiement.

346. Aussitôt que l'intendant ou le sous-intendant a reçu les états mentionnés en l'article précédent, il en vérifie l'exactitude sur ses contrôles et sur les pièces qui lui sont communiquées par les chefs de classe ou les parties intéressées; il établit ensuite, pour chaque individu, un mandat de paiement conforme aux modèles nos 5 et 6, portant décompte des sommes à lui payer pour le mois expiré; il fait un pareil mandat pour chacun des individus composant la deuxième classe, et pour chacun des délégataires ou individus autorisés à recevoir des secours sur la solde des officiers sans troupe et employés militaires.

Section II.

Des Pièces à remettre aux Chefs de classe et au Payeur.

Destination à donner aux mandats individuels de paiement.

347. Le 2 du mois, l'intendant ou le sous-intendant militaire envoie aux chefs des première, troisième, quatrième, cinquième, sixième, septième, neuvième, dixième, onzième, douzième et treizième classes, tous les mandats de paiement individuels concernant les officiers ou employés militaires de ces classes.

Il accompagne chaque envoi d'un bordereau conforme au modèle n° 14, qui lui est renvoyé revêtu d'un récépissé du chef de classe.

348. Chaque chef de classe remet aux parties prenantes les mandats individuels de paiement qui lui ont été adressés en vertu de l'article précédent.

Quant aux mandats de paiement pour les officiers appartenant à la deuxième classe, et pour les délégataires et les individus autorisés à recevoir des secours sur la solde des officiers sans troupe et des employés militaires, l'intendant ou le sous-intendant leur en fait directement l'envoi.

349. Les mandats individuels de paiement pour les officiers de la

huitième classe sont adressés par l'intendant ou le sous-intendant qui les a établis, aux sous-préfets ou aux maires qui lui ont transmis les états nominatifs.

Ces derniers renvoient les bordereaux revêtus de leur récépissé, et remettent les mandats individuels aux parties intéressées.

Bordereaux à adresser au payeur.

350. L'intendant ou le sous-intendant militaire adresse au payeur un bordereau pour chaque classe, conforme au modèle n° 15, et destiné à lui faire connaître les paiemens à effectuer.

SECTION III.

Des Mandats de paiement non acquittés.

Délai fixé pour le paiement des mandats individuels.

351. Les mandats individuels de paiement sont payables pendant les deux mois de leur date, à la caisse du payeur sur lequel ils ont été tirés.

Passé ce délai, les officiers sans troupe, les délégataires et les employés militaires qui ont négligé de recevoir leur solde, ne peuvent en obtenir le paiement, et ce sous la responsabilité du payeur, qu'en se présentant de nouveau chez l'intendant ou le sous-intendant, auquel ils rendent les mandats de paiement. Ce fonctionnaire les annulle, et en comprend le montant par rappel sur la première revue.

Mode à suivre pour constater le non-paiement des mandats.

352. Pour constater les paiemens effectués, le payeur remet à l'intendant ou au sous-intendant militaire, dans les cinq premiers jours du mois qui suit le délai fixé par l'article précédent, une note conforme au modèle n° 16, indiquant les noms des officiers qui ne se sont point présentés pour toucher le montant de leurs mandats individuels, et les sommes qui devaient leur être payées. Il est établi une semblable note pour chaque classe séparément.

Si tous les officiers d'une même classe ont été payés, la note prescrite ci-dessus n'en doit pas moins être remise, mais elle est négative.

CHAPITRE III.

Positions particulières.

SECTION Ire.

Changement de destination.

Officier passant d'une division ou d'une armée dans une autre.

353. Lorsqu'un officier sans troupe ou un employé militaire passe, avant l'expiration d'un mois, d'une division ou d'une armée à une

autre, il lui est délivré, avant son départ, et sur l'exhibition de son nouvel ordre de service, un mandat individuel de paiement, qui comprend tout ce qui lui est dû pour solde et accessoires de solde, jusqu'au jour exclus de son départ.

354. Cependant, si un officier sans troupe ou un employé militaire n'a pu demander son mandat ni faire arrêter son livret, l'intendant de la division ou le sous-intendant de l'arrondissement qu'il a quitté, envoie, sur sa réclamation, un certificat de non-paiement à l'intendant de la division ou au sous-intendant de l'arrondissement où il est passé.

Officiers quittant le service.

355. Les dispositions des deux articles précédens sont applicables à tout officier sans troupe ou employé militaire passant de l'activité à la disponibilité, à la réforme ou à la retraite.

Cas où un officier est parti sans faire acquitter son mandat.

356. Si un officier sans troupe ou un employé militaire part d'un département ou d'une armée sans avoir reçu le montant du mandat de paiement qui lui a été délivré avant son départ, il ne peut en être payé que par rappel sur la première revue, dans la division ou dans le corps d'armée où il doit être employé en vertu des lettres de service qu'il a reçues. Ce rappel est fait sur l'exhibition du livret de solde et du mandat individuel de paiement, qui est annulé et annexé à la revue comme certificat de non-paiement.

Section II.

De la Perte d'un Mandat de paiement.

Officier ne changeant pas de résidence.

357. Tout militaire sans troupe qui a perdu un mandat individuel de paiement, ne peut en obtenir un *duplicata* que du fonctionnaire qui a délivré ce mandat; et, pour l'obtenir, il doit représenter un certificat du payeur sur la caisse duquel il était tiré, constatant le non-paiement du *primata* et portant l'engagement de ne point l'acquitter.

Officier passant dans un autre arrondissement.

358. Si la perte est faite par un officier sans troupe ou un employé militaire passant dans l'arrondissement d'un autre intendant ou sous-intendant, le rappel de la solde ne peut avoir lieu que sur un certificat de non-paiement délivré par le payeur qui aurait dû acquitter le *primata*, et visé par l'intendant ou le sous-intendant qui l'avait expédié.

SECTION III.

Des Rappels de Solde de captivité.

Inscription des paiemens sur la feuille de route des prisonniers rentrés.

359. Lorsqu'un officier sans troupe ou un employé militaire rentre des prisons de l'ennemi, l'intendant ou le sous-intendant qui délivre le mandat du paiement auquel il a droit, conformément à l'article 101, et le payeur qui l'acquitte, sont tenus, sous leur responsabilité personnelle, d'en faire l'inscription sur le livret de l'officier ou employé.

Ces militaires sont compris sur les revues de leurs classes respectives, tant pour ce paiement que pour ceux qui leur seraient faits ultérieurement à titre de solde de captivité.

360. Quant aux officiers sans troupe et employés militaires qui ont été embarqués pour aller tenir garnison dans les colonies, et qui ont été faits prisonniers de guerre, soit en mer, soit aux colonies, le rappel de leur solde de captivité leur est fait suivant les formes prescrites par les articles 419 et 420.

TITRE III.

DU PAIEMENT DES CORPS DE TROUPE ET DÉTACHEMENS.

CHAPITRE Ier.

Solde.

SECTION Ire.

Formation des États.

États de paiement par corps et par département.

361. Il n'est fait qu'un seul état de paiement pour toutes les parties d'un corps stationnées dans le même département.

Il en est de même aux armées pour toutes les portions du même corps qui sont sous les ordres du même lieutenant général ou dans l'arrondissement du même payeur.

362. Les états de paiement de solde et accessoires portent toujours l'annotation du département ou de l'armée où ils doivent être acquittés, et de la revue sur laquelle ils doivent être imputés.

Établis en double expédition.

363. Les états de paiement pour la solde et ses accessoires sont

toujours établis en double expédition, dont une portant quittance et l'autre, déclaration de quittance.

Cas où il en doit être fait une troisième expédition.

364. Lorsqu'un militaire détaché ou isolé de son corps a été autorisé à toucher séparément sa solde dans le lieu de sa résidence, le sous-intendant qui a ordonnancé l'état de paiement en fait une troisième expédition, et l'envoie, comme état de mutation, au sous-intendant ayant l'inspection du dépôt du corps.

365. La disposition prescrite par l'article précédent est également applicable,

1° Aux officiers, sous-officiers et soldats des corps de troupe, rentrant des prisons de l'ennemi, pour les sommes qui leur sont payées, tant sur la frontière que dans leurs foyers, à titre de secours, d'avance ou de solde de captivité ;

2° Aux officiers de troupe détenus et autorisés par l'article 96 à percevoir le tiers de leur solde pendant le temps de leur détention ;

3° Aux délégataires des officiers des corps de troupe, et aux individus autorisés, conformément aux articles 55 et 109, à recevoir des secours sur la solde de ces officiers.

États de paiement à établir par anticipation.

366. Si un corps de troupe change de garnison dans la dernière quinzaine d'un mois, il peut être dressé un état pour le paiement de la solde due aux officiers jusqu'au jour du départ exclusivement.

367. Si un corps, en se mettant en route, reçoit l'ordre de suivre une direction sur laquelle il ne doit pas rencontrer de résidence de sous-intendant avant l'expiration de la quinzaine, il peut établir, par anticipation, un état de paiement pour la solde de la troupe pendant la quinzaine suivante.

Détachemens de recrues.

368. Lorsque des détachemens de recrues partent pour rejoindre les corps auxquels ils sont destinés, leur solde doit être payée du jour de leur départ, sur les états établis au nom de ces corps et conformément au tableau n° 44 du tarif annexé à la présente ordonnance.

Corps provisoires.

369. Lorsque des détachemens appartenans à divers corps sont réunis en corps provisoires, leurs états de paiement sont établis au nom des corps auxquels ils appartiennent.

S'il existe dans ces corps provisoires des militaires n'appartenans à aucun corps, il est établi pour eux des états de paiement particuliers au nom desdits corps provisoires.

Indemnité alimentaire aux militaires suisses détenus.

370. L'indemnité alimentaire accordée par l'article 99 aux sous-officiers et soldats des régimens suisses détenus dans les prisons de leurs corps, est comprise, avec la solde de la troupe, sur les états de paiement de chaque quinzaine.

SECTION II.

Cas où la Solde doit être payée sous la déduction de la portion affectée à la Masse de linge et chaussure.

Militaires réunis en dépôts.

371. La solde des hommes réunis dans les dépôts de convalescens ou autres dépôts généraux d'hommes appartenant à divers corps, n'est payée que déduction faite de la portion affectée à la masse de linge et chaussure.

372. Lorsque les hommes sortis de ces dépots rentrent à leurs corps, ils sont rappelés de cette portion de solde sur le premier état de paiement.

Ce rappel leur est fait au moyen d'un certificat conforme au modèle n° 17, et constatant le nombre de journées qu'ils y ont passées. Le certificat est délivré par le conseil d'administration du dépôt, et visé par le sous-intendant chargé de son inspection.

Pendant le temps de la route pour se rendre du dépôt à leurs corps, ces hommes sont traités comme militaires voyageant isolément, ou comme détachement, s'ils sont en nombre suffisant.

Militaires en recrutement.

373. Lorsque des sous-officiers et soldats détachés pour le service du recrutement touchent leur solde sur des états séparés, au titre de leurs corps, le paiement a toujours lieu sous la déduction de la portion affectée à la masse de linge et chaussure. Ils sont rappelés de cette portion à leur retour au corps, pour le temps de leur absence, d'après la troisième expédition des états de paiement, qui doit être adressée au sous-intendant militaire chargé de la police du corps, conformément à l'article 364.

Hommes en subsistance.

374. Lorsque des sous-officiers ou soldats sont mis en subsistance dans des corps, ils sont compris, par un article spécial, sur les états de paiement desdits corps, pour la solde attribuée à leurs grades, mais déduction faite de la portion affectée au linge et chaussure.

Cette portion leur est rappelée sur la présentation du certificat exigé par l'article 372.

SECTION III.

Passage à une Solde différente.

Augmentation ou diminution qui en résulte.

375. Si, après le paiement de la solde d'une quinzaine, un corps ou détachement passe d'une solde inférieure à une solde supérieure, et *vice versâ*, il est fait, suivant le cas, sur le plus prochain état de paiement, augmentation ou diminution du trop ou du moins perçu résultant de ce changement de position.

Mais si, dans le cas de passage d'une solde inférieure à une solde supérieure, le corps ou le détachement n'a pas assez de fonds pour faire les avances de solde, l'augmentation de solde lui est payée immédiatement sur un état supplémentaire.

Coupure des états de paiement au passage de la frontière.

376. Lorsqu'un corps entier ou un détachement se rend de l'intérieur à une armée hors du royaume, ou de cette armée dans l'intérieur, ou lorsqu'il passe d'une armée à une autre, il est fait une coupure dans ses états de paiement au passage des frontières à moins qu'il n'en soit autrement ordonné par le Ministre secrétaire d'état de la guerre.

SECTION IV.

De la Solde de captivité.

Officiers rentrant des prisons de l'ennemi.

377. Les dispositions de l'article 309 sont applicables aux officiers de troupe rentrant des prisons de l'ennemi en vertu d'un cartel d'échange, pourvu qu'ils ne soient pas dans le cas déterminé par l'article 360. Les états de paiement à établir dans ce cas en leur faveur, au moment de leur rentrée, sont faits au titre de leur corps, conformément à l'article 364.

Si les sommes payées à leur rentrée ne suffisent pas pour acquitter la solde de captivité à laquelle ils ont droit, ils ne peuvent recevoir le surplus qu'après leur arrivée dans leurs foyers ou à leur corps.

378. Quant aux officiers des corps de troupe qui sont dans le cas prévu par l'article 360, les paiemens à leur faire pour la solde de captivité sont effectués suivant les dispositions prescrites par les articles 419 et 420.

Sous-officiers et soldats dans la même position.

379. Les deux mois de solde accordés aux sous-officiers et soldats rentrant des prisons de l'ennemi, sont payés sur un état nominatif établi au nom de leur corps, suivant le modèle n° 18.

Les deux mois de solde à allouer aux sous-employés dans la même position sont payés sur état nominatif indiquant le service auquel ils appartiennent, et compris sur les revues de liquidation des employés du même service.

Le sous-intendant qui ordonnance l'état de paiement, et le payeur qui l'acquitte, doivent, sous leur responsabilité personnelle, en faire l'inscription sur la feuille de route du détachement, ou du militaire ou du sous-employé rentrant isolément.

380. Les sous-officiers et soldats rentrant des prisons de l'ennemi, et qui, conformément à l'article 139, ont droit au rappel de la haute-paie d'ancienneté pour le temps de leur captivité, ne peuvent en être payés qu'à leur retour au corps.

Section V.

Des Prisonniers de guerre étrangers.

Solde de route.

381. Le mode de paiement de la solde de route des prisonniers de guerre étrangers est déterminé par l'ordonnance sur les indemnités de route.

Section VI.

De la Fourniture d'Effets de linge et chaussure.

Cas où cette fourniture doit avoir lieu.

382. Tout sous-officier ou soldat qui doit marcher isolément, reçoit, avant de s'éloigner du corps, les effets de linge et chaussure qui lui sont nécessaires pour faire sa route. S'il appartient à un détachement qui n'a pas les moyens de lui fournir ces effets, l'officier commandant ce détachement lui en donne un certificat. Sur la production de cette pièce, et après s'être assuré de son exactitude, le sous-intendant militaire lui fait délivrer les effets dont il a besoin; il inscrit ces effets sur la feuille de route de l'homme, dans la colonne à ce destinée. Le mandat à délivrer pour l'acquittement de cette fourniture est conforme au modèle n° 19 (1).

383. Lorsqu'un sous-officier ou soldat sortant d'un hôpital manque des effets nécessaires pour faire sa route, le certificat ci-dessus mentionné est délivré et signé par le directeur ou l'un des administrateurs de l'hôpital.

384. Lorsqu'un détachement de recrues doit partir d'un lieu de rassemblement pour rejoindre un corps, le sous-intendant

---

(1) *Voir* les articles 16, 17 et 29 de l'ordonnance sur les indemnités de route.

militaire qui en passe la revue de départ, fait fournir aux hommes qui le composent, les effets de petit équipement dont il reconnoît le besoin indispensable.

Le commandant du dépôt établit, à cet effet, un état conforme au modèle nº 20.

Le sous-intendant met son mandat de paiement au bas de cet état.

385. Les sous-intendans font aussi délivrer les effets de petit équipement qu'ils reconnaissent indispensables pour le temps de la route, aux enrôlés volontaires, aux sous-officiers et soldats absous par jugement, ou rentrant des prisons de l'ennemi, ou conduits par la gendarmerie comme déserteurs, etc.

386. Tout fonctionnaire qui doit délivrer une feuille de route à un sous-officier ou soldat devant voyager isolément, est tenu, avant de l'expédier, de s'assurer si ce militaire est pourvu des effets de linge et chaussure qui lui sont nécessaires, et si ces effets sont en assez bon état pour qu'il ne puisse pas avoir besoin d'en demander le remplacement avant d'être arrivé à sa destination; dans le cas contraire, il se conforme aux dispositions prescrites par l'article 382.

Vérification des effets des militaires isolés.

387. Lorsqu'un sous-intendant délivre un mandat pour indemnité de route à un sous-officier ou soldat voyageant isolément, il doit s'assurer de l'état de son sac; et si, par la comparaison des effets y contenus avec ceux inscrits sur sa feuille de route, il reconnaît que l'homme en a vendu quelques-uns pendant sa route, il le fait arrêter et conduire de brigade en brigade jusqu'à sa destination.

Retenue encourue par les hommes qui perdent leur feuille de route.

388. Tout sous-officier et soldat qui perd sa feuille de route, ne reçoit, après son retour au corps, aucun décompte de linge et chaussure pendant six mois, et les sommes qui lui reviennent pour son excédant de masse, sont mises en réserve pour servir au remboursement des effets de petit équipement qui ont pu lui être délivrés pendant sa route (1).

---

(1) *Voir* l'article 80 de l'ordonnance sur les indemnités de route.

CHAPITRE III.

Dispositions communes au Paiement de la Solde et des Masses.

Délivrance des mandats de paiement des corps ou détachemens.

400. Les sous-intendans militaires qui tiennent les contrôles des corps, portions de corps ou détachemens s'administrant eux-mêmes, ordonnancent les états de paiement pour toutes les prestations auxquelles ces mêmes corps, portions de corps ou détachemens peuvent avoir droit.

401. Les mandats sont expédiés au titre de chaque corps, portion de corps ou détachement s'administrant lui-même, et payables au conseil d'administration, entre les mains du trésorier ou de l'officier payeur, ou enfin de tout autre officier ou sous-officier légalement autorisé à en percevoir le montant.

Établissemens considérés comme corps de troupe.

402. Sont considérés, pour l'ordre de la comptabilité et les paiemens, comme formant corps de troupe,

1° Les officiers généraux ou autres et les sous-officiers faisant partie de l'état major des écoles d'artillerie et des écoles militaires;

2° Les officiers généraux ou autres et les sous-officiers et trompettes faisant partie de l'état major des écoles d'équitation; et les sous officiers et soldats détachés à ces écoles,

3° Les recrues tenues en rassemblement avant leur départ pour leurs corps, les dépôts de déserteurs, ceux de convalescens et autres dépôts généraux composés d'hommes appartenant à divers corps.

Les sous-officiers et soldats réunis dans ces établissemens sont payés, savoir :

Ceux mentionnés à l'alinéa ci-dessus n° 1, dans la forme indiquée pour les officiers sans troupe, et sur des pièces conformes aux modèles n°s 5, 6 et 14; et ceux indiqués aux alinéas n°s 2 et 3, suivant le mode prescrit par l'article 311.

Indemnités extraordinaires à payer comme la solde.

403. Les indemnités représentatives de vivres et liquides, lorsque les corps de troupe y ont droit, sont ordonnancées comme la solde, et sur des états distincts, dans la forme des modèles n°s 7 et 9, auxquels ont fait en ce cas les modifications nécessaires.

404. Dans les cas accidentels de distributions extraordinaires, le paiement en est ordonnancé le jour même pour lequel elles sont accordées.

CHAPITRE IV.

Des Cas où le paiement de la Solde et des Masses payables sur les fonds de la Solde est suspendu.

États à établir lors de l'ouverture des paiemens.

405. Dans le cas où la solde et les autres prestations payables comme la solde n'auraient pu, par l'effet d'une mesure générale, être acquittées aux époques fixées par la présente ordonnance, les états de paiement ne seront établis que lorsque ce paiement pourra être fait.

Feuilles de journées spéciales.

406. Lors de l'ouverture des paiemens d'une ou de plusieurs quinzaines d'un même trimestre, les conseils d'administration font établir des feuilles de journées pour le petit état major et pour les sous-officiers et soldats des compagnies.

Ces feuilles, conformes au modèle n° 21, présentent les numéros du contrôle annuel, les noms et grades de tous les hommes de chaque compagnie, leurs mutations et mouvemens pendant le temps pour lequel la solde doit être payée, le nombre de journées et le décompte en deniers des sommes revenant aux présens seulement. Les hommes absens n'y sont portés que pour mémoire, et pour faciliter les vérifications lorsqu'ils rentrent.

Les feuilles de journées, certifiées par les commandans des compagnies et par le trésorier pour ce qui concerne le petit état major, sont vérifiées par le major ou l'officier chargé à son défaut de la tenue des contrôles.

Le conseil d'administration établit pour le paiement un état conforme au modèle n° 22, auquel il joint les feuilles de journées, que le sous-intendant conserve, pour les annexer à l'état portant déclaration de quittance, dont l'envoi doit lui être fait conformément à l'article 581.

Hommes rentrant au corps après le paiement.

407. Les hommes qui rentrent au corps avant que toutes les quinzaines d'un même trimestre aient été payées, sont rappelés de ce qui peut leur être dû pour ce trimestre, sur les feuilles de journées qui sont dressées pour le paiement de la première des quinzaines restant à acquitter.

Si les hommes ne rentrent qu'après le paiement de la dernière quinzaine d'un trimestre, on établit à leur profit des états nominatifs supplémentaires de paiement pour tout ce qui leur est dû sur ce trimestre.

États de paiement des officiers.

408. Les états de solde et accessoires de solde des officiers ne sont également établis que lorsque les paiemens ont été ouverts; les absens n'y figurent que pour mémoire.

On comprend dans un même état nominatif de paiement, si les ordres pour l'acquittement de l'arriéré le permettent, la solde qui peut être due pour toutes les journées d'un même trimestre.

409. Lorsque des officiers qui ont été portés pour mémoire sur les états de paiement, rentrent à leurs corps, on les comprend sur le plus prochain état de paiement des mois restant à acquitter sur un même trimestre, avec rappel de ce qui peut être dû sur ce trimestre.

Dans le cas où leur rentrée n'aurait lieu qu'après le paiement du dernier mois d'un trimestre, on ferait en leur faveur un état supplémentaire pour tout ce qui leur serait dû sur ce trimestre.

États distincts par trimestre.

410. On ne peut, dans aucun cas, porter dans un même état de paiement des sommes qui ont été comprises dans les revues des deux trimestres.

Militaires ayant quitté leur corps; comment payés.

411. Les officiers, sous-officiers et soldats quittant définitivement un corps pour une cause quelconque, reçoivent des certificats de non-paiement, qui font connaître ce qui leur est dû pour solde et accessoires par trimestre et par exercice.

Ces états, conformes au modèle n° 23, sont établis par les conseils d'administration des corps, et arrêtés par les sous-intendans militaires chargés de l'inspection de ces corps.

Lorsque ces militaires sont arrivés à leur nouvelle destination, ils y sont payés, si l'acquittement de l'arriéré est autorisé, sur des états séparés pour chaque trimestre, établis au nom du corps.

Le certificat de non-paiement est annexé à la déclaration de quittance du dernier état de paiement, pour être envoyé, conformément aux dispositions de l'article 582, au sous-intendant du département où se trouve le dépôt de leur corps.

Sommes dues aux officiers décédés.

412. On se conforme, pour le paiement des sommes dues pour solde arriérée et accessoires de solde aux héritiers des officiers décédés, à ce qui est prescrit par l'article précédent.

Mode de paiement des masses.

413. Les masses d'entretien de l'habillement, du harnachement et ferrage, des cantines d'ambulance, des voitures du train des équipages, et les premières mises de petit équipement, dont le paiement

aurait été suspendu, sont comprises sur les états des trimestres correspondans, établis pour le paiement de la solde arriérée des officiers.

Indemnité de vivres non sujette à rappel.

414. Il n'y a pas lieu au rappel de l'indemnité en remplacement de vivres, lorsque le paiement en a été suspendu.

CHAPITRE V.

Des Troupes embarquées et de celles levées pour la Marine.

Paiemens à ordonnancer par les sous-intendans militaires.

415. Les détachemens mis à la disposition de la marine, quelle que soit celle des trois catégories énoncées dans l'article 239, à laquelle ils appartiennent, continuent à être soldés par les soins des intendans militaires, et sur les fonds du département de la guerre, jusqu'au jour exclus de leur embarquement.

Paiemens à faire par le payeur de la marine au compte de la guerre.

416. Les états de paiement à établir dans les cas prévus par l'article 240, sont dressés en double expédition, dont l'une portant quittance, et l'autre déclaration de quittance. Les deux expéditions sont remises par le payeur de la marine qui en a acquitté le montant au payeur de la guerre dans le département de sa résidence. Celui-ci lui en rembourse le montant, s'en porte en dépense, et donne aux déclarations de quittances la destination prescrite par les articles 578 et 581.

Cas où les états de paiemens doivent être coupés.

417. Si, un détachement, se trouvant dans une des deux premières catégories relatées en l'art. 239, reçoit une nouvelle destination, d'après laquelle il doive se rendre aux colonies pour y tenir garnison, ses états de paiement sont coupés à l'époque du changement survenu.

Avances aux troupes destinées pour les colonies.

418. Les avances à faire aux troupes embarquées pour les colonies, conformément aux dispositions de l'article 241, ont lieu sur états de paiement dressés en double expédition, dont l'une porte quittance, et l'autre déclaration de quittance. Cette dernière reçoit la destination prescrite par l'article 581 ; elle est ensuite adressée au Ministre de la guerre, comme pièce de dépense définitive.

Solde de captivité.

419. Les officiers, sous-officiers et soldats faisant partie des troupes désignées en l'article 240, et qui ont été faits prisonniers

de guerre après leur embarquement, sont payés, lors de leur rentrée en France, de tout ce qui leur est dû pour solde de captivité par les agens et sur les caisses de la marine, mais à charge de remboursement par le département de la guerre.

420. Les officiers, sous-officiers et soldats mis à la disposition de la marine pour aller tenir garnison dans les colonies, et qui ont été faits prisonniers de guerre après leur embarquement, sont payés, à leur rentrée en France, sur les fonds du département de la marine, de tout ce qui leur est dû pour leur solde de captivité.

Délégataires.

421. Les délégataires des officiers embarqués pour tenir garnison dans les colonies, sont payés des sommes qui leur ont été déléguées, sur les fonds du département de la marine, et d'après les formes prescrites par le ministre de ce département.

Troupes levées pour la marine.

422. Les jeunes soldats mis en activité pour servir dans les troupes de la marine, sont payés dans les formes et suivant les règles prescrites pour les recrues de l'armée de terre.

Ces paiemens sont faits à titre d'avances remboursables par le département de la marine.

TITRE IV.

DES RETENUES SUR LA SOLDE.

CHAPITRE Ier.

Des Retenues au profit de l'Etat.

Section Ire.

Remboursement pour Fourniture d'effets de linge et chaussure.

Feuilles de retenue.

423. Les acquits des avances pour effets de linge et chaussure délivrés en route aux sous-officiers et soldats des corps sont compris dans le IIe chapitre du bordereau des mandats d'indemnité de route, et l'on établit, pour ces mêmes acquits, des feuilles de retenue ou d'imputation par corps.

424. Les sous-intendans militaires transmettent ces pièces, avec le bordereau qui les contient, à l'intendant de leur division.

Destination à leur donner.

425. L'intendant fait le dépouillement de ces pièces, et adresse

aux sous-intendans employés sous ses ordres, celles qui sont imputables à des corps stationnés dans la division. Il envoie les autres aux intendans des divisions où se trouvent les corps au titre desquels elles sont souscrites.

426. Aussitôt que les sous-intendans chargés de l'inspection des dépôts des corps reçoivent les dites pièces, ils les remettent, sous leur responsabilité personnelle, aux conseils d'administration des dépôts, et en portent le montant en déduction sur le premier état qu'ils ont à ordonnancer pour le paiement de la solde.

Cas où elles sont rejetées par le corps.

427. Le conseil d'administration ne peut se refuser à cette déduction, lorsque le mandat a été établi au nom du corps qu'il administre.

Cependant, si un mandat de cette espèce a été délivré pour un homme qui ne fait pas partie du corps au titre duquel il a été établi, le sous-intendant, après avoir vérifié le fait, porte le montant du mandat en augmentation sur le premier état de paiement.

428. Le sous-intendant envoie ensuite le mandat et la feuille de retenue à l'intendant de sa division, avec un bordereau de rejet. Cet intendant, après vérification des motifs du rejet, suit l'imputation définitive ou le remboursement de la pièce rejetée, si elle a été acquittée dans sa division; sinon, il en fait le renvoi à l'intendant qui la lui a adressée. Ce dernier doit alors s'occuper des moyens de procurer le recouvrement de l'avance, à défaut de quoi le paiement reste à la charge du fonctionnaire qui a délivré la feuille de route, sauf son recours contre qui de droit.

SECTION II.

De la Retenue de deux pour cent.

Prestations qui en sont passibles.

429. Les officiers sans troupe, les employés militaires et les officiers des corps de troupe, subissent sur leur traitement une retenue de deux pour cent au profit de la dotation de l'hôtel royal des invalides. Cette retenue est exercée sur la solde, les supplémens de solde et l'indemnité de représentation.

Indemnités extraordinaires qui n'en sont point passibles.

La gratification d'entrée en campagne, et l'indemnité pour pertes de chevaux et d'effets n'en sont point passibles.

430. L'officier et l'employé militaire à l'hôpital ne doivent supporter la retenue que sur la solde déterminée pour leur position.

431. Tout officier se trouvant dans une position qui lui donne droit à la solde de route, doit subir la retenue sur l'intrégalité de cette solde.

Intégralité de cette retenue, nonobstant toute autre.

432. Lorsqu'un officier ou employé militaire aura à supporter sur son traitement une retenue pour quelque motif que ce soit, la retenue de deux pour cent n'en devra pas moins être exercée sur le montant intégral de sa solde.

Officiers étrangers qui y sont soumis.

433. Les dispositions des articles précédens sont applicables aux officiers des régimens suisses capitulés; mais elles ne concernent point les prisonniers de guerre étrangers.

Opérée par déduction.

434. Les sommes à retenir au profit de la caisse des invalides de la guerre, en vertu des dispositions des articles précédens, sont portées d'une manière distincte sur les états de paiement; et la déduction en est faite sur le montant desdits états, qui ne sont, en conséquence, arrêtés et quittancés que pour le net.

SECTION III.

Des Retenues au profit du Trésor royal.

Comment exercées.

435. Lorsqu'il doit être exercé des retenues pour sommes à rembourser au trésor royal, soit par les militaires sans troupe et employés militaires, soit par les militaires des corps, d'après les ordres particuliers du Ministre secrétaire d'état de la guerre, les motifs des déductions sont expliqués tant sur les états de paiement que sur les revues, de manière à ne faire payer à la partie prenante que la somme nette qu'elle doit recevoir, déduction faite de la retenue.

436. Si la retenue que l'on doit faire au profit du trésor, ne concerne pas l'exercice courant, on fait connaître, par une note bien détaillée, la somme totale qui aurait dû être allouée par la revue, et les motifs de la déduction.

437. Les retenues à exercer par suite de la consommation des décomptes des revues de liquidation, ou d'erreurs reconnues par la vérification des revues, ont lieu conformément aux articles 599, 617 et 618.

CHAPITRE II.

Des Retenues au profit des particuliers.

SECTION Ire.

Secours aux Femmes et Enfans.

Par qui accordés.

438. Les femmes et enfans ayant droit à des secours alimentaires sur le traitement de leur mari ou de leur père, le Ministre secrétaire d'état de la guerre peut prescrire une retenue à cet effet sur la solde des officiers ou employés militaires qui ont abandonné leur famille.

Dans ce cas, la retenue peut être indépendante de toute autre que subirait déjà l'officier pour quelque cause que ce fût.

Retenues opérées par déduction.

439. Les retenues ordonnées en vertu de l'article précédent doivent être opérées par déduction sur les états de solde des officiers et employés militaires qui en sont passibles, et le montant en est payé à leurs femmes ou enfans, sur la production d'un certificat de retenue, et suivant le mode prescrit par les articles 295, 310, 317 et 365, pour les délégataires.

SECTION II.

Des Dettes envers des Particuliers.

Retenues qui en résultent. Par qui ordonnées.

440. Les retenues pour dettes contractées par des officiers ou employés militaires ont lieu en vertu d'oppositions juridiques. Néanmoins, le Ministre secrétaire d'état de la guerre peut en ordonner d'office, lorsqu'il le juge convenable.

441. Dans les corps de troupe, les dettes des officiers, particulièrement celles qui ont pour objet leur subsistance, leur logement, leur habillement, ou d'autres fournitures relatives à leur état, peuvent aussi être payées au moyen d'une retenue sur leurs appointemens, ordonnée par le colonel.

Cette retenue a lieu sur l'avis du lieutenant colonel et la représentation des titres.

Signification d'oppositions juridiques.

442. Les oppositions juridiques concernant les officiers sans troupe ou employés militaires sont signifiées au payeur du dépar-

tement ou du corps d'armée dans lequel se trouve le militaire débiteur.

Lorsque ces actes concernent des officiers de troupe, ils sont signifiés aux conseils d'administration de leurs corps, en la personne du trésorier ou de l'officier en faisant fonctions, lequel ne peut, sous aucun prétexte, se refuser à les recevoir.

Retenues opérées par précompte.

443. Les retenues pour dettes envers des particuliers doivent toujours être opérées par précompte; en conséquence, le payeur, ou le conseil d'administration (selon qu'il s'agit d'un officier sans troupe ou d'un officier de troupe), prélève sur le montant de la solde du débiteur la retenue dont il est passible, sans qu'il y ait lieu, pour cet objet, à aucune déduction sur l'état de paiement ni sur la revue.

Destination à donner au produit des retenues.

444. Les deniers provenant des retenues opérées soit par les payeurs, soit par les conseils d'administration, sont distribués aux opposans, suivant les formes prescrites par le code de procédure civile.

CHAPITRE III.

Dispositions communes aux Retenues pour dettes envers le Trésor et les Particuliers.

Proportion commune à toutes les retenues.

445. Les retenues à effectuer pour sommes à rembourser, soit au trésor, soit à des particuliers, ne peuvent excéder le cinquième de la solde brute des militaires en activité, à moins de décision contraire du Ministre secrétaire d'état de la guerre.

Mesures à prendre pour en suivre les progrès.

446. Tous les ordres de retenue donnés par le Ministre secrétaire d'état de la guerre, dans les cas spécifiés aux articles ci-dessus, sont adressés aux intendans militaires, qui sont tenus, sous leur responsabilité personnelle, d'en suivre, lorsqu'il y a lieu, l'exécution auprès des sous-intendans. En conséquence, les intendans en tiennent un registre dans la forme du modèle nº 24, sur lequel ils annotent, d'après les comptes qui leur sont rendus par les sous-intendans, les sommes remboursées, en désignant les états de paiement et les revues sur lesquelles les retenues ont été effectuées.

Les sous-intendans tiennent le même registre pour les retenues qu'ils doivent faire d'après les ordres que leur transmettent les intendans.

447. Lorsqu'un officier sans troupe, un employé militaire, un

corps de troupe, assujetti à des retenues non encore effectuées en totalité, change de division, l'intendant fait connaître le restant à retenir à l'intendant de la division dans laquelle le militaire ou le corps doit se rendre, afin qu'il fasse continuer ces retenues. Cet intendant devient pareillement responsable de leur exécution.

TITRE V.

DES FRAIS DE GÎTE ET GEOLAGE.

Mode de paiement.

448. Les frais de gîte et geolage sont payés dans les premiers jours de chaque trimestre, pour le trimestre échu, sur des états nominatifs conformes au modèle nº 25.

Ces états, établis par les concierges des prisons, sont certifiés par les commandans de la gendarmerie, pour ce qui concerne les militaires conduits de brigade en brigade; par les rapporteurs près les conseils de guerre, pour les militaires traduits à ces tribunaux, ou subissant une peine de détention après laquelle ils doivent rentrer sous les drapeaux; et enfin par les commandans de place, pour les hommes détenus par simple mesure de police, conformément à l'article 292.

Il est fait des états distincts pour les hommes appartenant à la marine.

449. Les états mentionnés en l'article précédent sont vérifiés et ordonnancés par les sous-intendans militaires, qui peuvent se faire représenter les registres d'écrou, quand ils le jugent convenable.

Ces états sont en triple expédition et tiennent lieu de revue. La première sert de minute et demeure au sous-intendant militaire. Des deux autres expéditions, l'une porte quittance, et l'autre, déclaration de quittance; cette dernière est adressée au Ministre de la guerre.

450. Les états portant déclaration de quittance sont compris par le payeur dans le bordereau trimestriel des paiemens effectués pour le service de la solde, qu'il doit remettre au sous-intendant militaire, en conformité de l'art. 578 ci-après.

451. Ceux de ces états qui concernent les hommes appartenant à la marine, sont l'objet d'un bordereau particulier que le sous-intendant transmet, avec les pièces à l'appui, à l'intendant divisionnaire, après y avoir apposé son *vu et vérifié.*

452. Lorsque l'intendant divisionnaire a réuni tous les bordereaux particuliers dressés dans son arrondissement, d'après l'article précédent, il en forme un bordereau général en double expédition : l'une reste dans ses archives, avec les pièces justificatives; il transmet l'autre au Ministre de la guerre, qui poursuit près le ministre de la marine le remboursement de ces avances.

IIIe PARTIE.

DES RÈGLEMENS DE DÉPENSE.

TITRE Ier.

DES CONTRÔLES.

CHAPITRE Ier.

Des Officiers sans troupe et Employés militaires.

Tenue des contrôles par les intendans et sous-intendans militaires.

453. Les intendans militaires sont chargés de la tenue des contrôles des officiers sans troupe et employés militaires.

Ils peuvent déléguer cette partie de leurs attributions aux sous-intendans des départemens de l'intérieur, ou des divisions d'armée. Ils sont tenus, lorsqu'ils usent de cette faculté, d'en prévenir le Ministre secrétaire d'état de la guerre, et les chefs respectifs des diverses classes d'officiers sans troupe et d'employés militaires.

454. L'intendant ou le sous-intendant militaire tient, pour chaque classe d'officiers sans troupe et d'employés militaires stationnés dans son arrondissement, un contrôle dans la forme du modèle n° 26. Aux armées, ces contrôles sont établis par corps d'armée, et tenus par l'intendant ou le sous-intendant chargé d'ordonnancer le paiement de la solde des militaires sans troupe et des agens militaires.

Fourniture et renouvellement des contrôles.

455. Les contrôles à tenir pour les officiers sans troupe et employés militaires sont fournis par les soins du Ministre secrétaire d'état de la guerre ; ils sont renouvelés au 1er janvier de chaque année. Les contrôles de l'année expirée sont déposés dans les archives de l'intendance ; mais ceux concernant les officiers sans troupe et employés militaires des armées sont envoyés au Ministre secrétaire d'état de la guerre, immédiatement après la dissolution de ces armées et la vérification des dernières revues.

Mesures pour assurer l'exactitude des contrôles.

456. Pour faciliter la tenue exacte des contrôles mentionnés en l'article précédent, les officiers sans troupe et employés militaires sont obligés, lors de leur arrivée à une nouvelle destination, ainsi qu'à leur départ pour se rendre d'une destination à une autre, de

présenter à l'intendant ou au sous-intendant militaire de l'arrondissement les originaux de leurs brevets et commissions, et de soumettre à leur *visa* les nouvelles lettres de service qu'ils ont reçues. Indépendamment de ces communications, chaque chef de classe adresse à l'intendant ou sous-intendant l'état de tous les mouvemens et mutations des officiers ou employés militaires qui en font partie, au fur et à mesure qu'ils ont lieu, et leur donnent ou font donner communication des titres justificatifs.

457. Tous les ordres de mouvemens, ainsi que tous les avis de nominations ou promotions, pour les militaires sans troupe ou employés militaires et pour les officiers des corps de troupe, sont notifiés aux intendans des divisions où ces militaires résident. Les intendans les font connaître aux sous-intendans employés sous leurs ordres. Les intendans en tiennent un registre spécial et par ordre alphabétique dans la forme du modèle nº. 27, pour leur servir, au besoin, de document pour la vérification des revues. Les sous-intendans tiennent un pareil registre pour l'enregistrement des ordres et avis ministériels qui leur sont transmis par les intendans.

458. Les officiers sans troupe, à la seule exception des officiers généraux, et les employés militaires compris sur les contrôles, doivent se présenter dans les bureaux de l'intendant ou du sous-intendant le dernier jour de chaque mois, à moins de motifs d'empêchement légitime, dont ils doivent justifier.

459. Lorsque les officiers sans troupe ou employés militaires ne résident pas dans le chef-lieu du département, ils se présentent chez le commandant militaire du lieu de leur résidence, lequel doit donner à l'intendant ou au sous-intendant avis de leur présentation.

CHAPITRE II.

Corps de troupe.

SECTION Ire.

Des Contrôles à tenir par les Corps (1).

§. Ier. *Contrôles des Hommes.*

Formes des contrôles généraux et particuliers.

460. Le contrôle des hommes doit être conforme au modèle nº 28. Il en est tenu un pour l'état major, et un pour chaque compagnie (2).

(1) Voir les articles 765 et suivans.
(2) Le contrôle des prisonniers de guerre étrangers est conforme au Modèle nº 28 (*bis*).

La réunion de ces contrôles particuliers forme le contrôle général du corps, qui est toujours tenu au dépôt.

461. Les cases de chaque contrôle particulier sont numérotées depuis la première jusqu'à la dernière, excepté celles qui sont destinées aux officiers.

Lors de l'établissement ou du renouvellement des contrôles, les hommes y sont enregistrés par rang de grade, et, dans chaque grade, par rang d'ancienneté; les tambours, clairons ou trompettes, et les enfans de troupe, y précèdent les fusiliers ou cavaliers. Chaque homme y est désigné par le numéro de la case qu'il occupe, par celui qui lui a été donné sur le registre-matricule, ainsi que par ses nom, prénoms et surnoms.

Il est laissé à la suite de chaque grade ou emploi, pour les remplacemens qui peuvent avoir lieu dans le cours de l'année, un nombre de cases en blanc égal à celui des hommes formant le complet du grade ou de l'emploi.

462. L'âge de chaque officier et son dernier domicile sont indiqués au contrôle.

Tout officier destiné pour un corps de troupe doit, aussitôt que l'avis officiel de sa nomination est parvenu à ce corps, être inscrit sur le contrôle, à la date de sa nomination, et désigné pour mémoire comme non arrivé, jusqu'à ce qu'il ait rejoint.

Mode de contrôle des portions de corps détachées.

463. Lorsqu'une portion de corps détachée du dépôt s'administre elle-même, et qu'elle se compose de plusieurs compagnies, il est formé et remis à l'officier qui la commande, une copie du contrôle de chaque compagnie.

Cependant, si le détachement n'est composé que d'une compagnie, il n'en est pas formé de contrôle, son livre de compagnie, dont il sera parlé à l'article 468, devant lui en tenir lieu.

Si le détachement n'est composé que d'une ou plusieurs fractions de compagnie, il en est formé un contrôle particulier qui est extrait du contrôle général.

Les copies ou extraits des contrôles sont délivrés par le major ou par son suppléant, certifiés par le conseil, et visés par le sous-intendant chargé de la police du corps ou de la portion de corps.

Au retour des portions et détachemens, les copies ou extraits de contrôles dont ils étaient pourvus, sont remis au major, arrêtés, suivant le cas, par le conseil éventuel ou par l'officier commandant, et sont ensuite comparés avec les contrôles tenus au dépôt ou dans la portion de corps.

Il est donné connaissance au sous-intendant militaire chargé de la police du corps ou portion de corps, des rectifications que ces comparaisons peuvent occasionner. Ce sous-intendant reçoit en même temps les copies ou extraits de contrôles mentionnés ci-dessus, les annulle et les rend ensuite au conseil d'administration, pour être déposés dans les archives du corps.

Contrôle provisoire des hommes laissés au dépôt.

464. Lorsque des bataillons ou escadrons de guerre, en se séparant de leur dépôt, y laissent des hommes, on les comprend sur les contrôles des compagnies qui restent au dépôt; mais s'il n'y en est resté aucune, ces hommes sont formés en compagnie provisoire, et il est établi pour eux un contrôle spécial, dont ils sont rayés lorsqu'ils rejoignent leurs compagnies respectives. On doit se conformer, pour ces mouvemens, aux dispositions prescrites par l'art. 470, pour les hommes passant d'une compagnie à une autre.

Tenue des contrôles; à qui attribuée.

465. Le contrôle général des hommes est tenu en totalité par le major, et, à son défaut, par le capitaine chargé de le suppléer.

Lorsqu'un ou plusieurs bataillons ou escadrons sont détachés de leur dépôt, et qu'ils s'administrent séparément, les doubles des contrôles de ces bataillons ou escadrons sont tenus par un lieutenant, qui est désigné lors de la formation du conseil d'administration de ces bataillons ou escadrons.

Dans les escadrons du train d'artillerie et du génie, les contrôles sont tenus par un lieutenant ou sous-lieutenant, qui est désigné à cet effet lors de la formation du conseil d'administration.

Dans ceux du train des équipages, les contrôles sont tenus par le lieutenant adjoint.

Dans les bataillons de pontonniers, les contrôles sont tenus par un capitaine, qui est aussi désigné dans le procès verbal de formation du conseil d'administration, ou, à son défaut, par un lieutenant.

A l'égard des compagnies formant corps entier, le registre de la compagnie, dont il est parlé article 468, tient lieu de contrôle général.

Les contrôles des dépôts de recrues, de prisonniers de guerre ou de déserteurs étrangers, de convalescens, et ceux des dépôts généraux composés d'hommes appartenant à plusieurs corps, sont tenus par les commandans de ces dépôts.

Les contrôles des écoles militaires sont tenus par l'officier faisant fonctions de trésorier.

Il y a, dans le contrôle de chaque dépôt de prisonniers de guerre, des chapitres distincts pour les hommes de chaque puissance.

Le contrôle d'un dépôt de convalescens, ou d'un dépôt général appartenant à divers corps, fait aussi connaître, par des chapitres distincts, les hommes appartenant à chaque corps.

Les contrôles de recrues en rassemblement sont tenus par le capitaine commandant le dépôt du recrutement, et sont conformes au modèle n° 29.

Le contrôle d'un détachement s'administrant lui-même, et qui ne forme pas un bataillon ou un escadron, est tenu par l'officier qui le commande.

Les contrôles des sous-employés des hôpitaux et de ceux des autres services administratifs sont tenus par les chefs respectifs de ces différens services.

Remise des états de mutations à l'officier chargé de la tenue des contrôles.

466. Tous les matins, à l'heure du rapport que prescrit le règlement sur le service intérieur, chaque capitaine fait remettre à l'officier chargé de la tenue du contrôle général, l'état des mutations et mouvemens survenus la veille dans sa compagnie.

Pour l'état major, cet état est fourni et certifié par l'adjudant major de semaine.

Aussitôt après la réception dudit état, l'officier chargé de la tenue du controle général, y enregistre les mutations et mouvemens (1).

467. Lorsque les détachemens se trouvent sous l'inspection d'un autre sous-intendant que celui du dépôt de leurs corps, les états de leurs mutations et mouvemens, certifiés par les officiers qui les commandent, sont remis tous les dix jours, s'ils sont employés dans l'intérieur, et tous les mois, s'ils sont hors du royaume, aux sous-intendans sous la police desquels ils se trouvent. Ceux-ci, après les avoir visés, les adressent immédiatement aux sous-intendans des dépôts, qui les remettent aux conseils d'administration de ces dépôts.

Ces états de mutations servent à la vérification des feuilles de journées de ces détachemens, et donnent les moyens de faire, tant sur le registre-matricule que sur les contrôles annuels, les annotations constatant les gains et les pertes.

Lesdits états sont indépendans de ceux que les détachemens doivent fournir journellement ou tous les quatre jours, suivant le cas, aux sous-intendans sous l'inspection desquels ils se trouvent, conformément à l'art. 488.

A la rentrée des portions détachées, leurs contrôles sont déposés dans les archives du corps, ainsi qu'il est prescrit par l'art. 463.

Contrôles de compagnie.

468. Indépendamment des contrôles ci-dessus prescrits, chaque capitaine tient pour sa compagnie un contrôle qui fait partie du re-

(1) *Voir* les art. 766 et 767.

gistre de détail dont le modèle est déterminé par les articles 735, 736 et 737.

Pareil contrôle est tenu par le trésorier pour l'état major.

Renouvellement des contrôles.

469. Les contrôles et les livres de compagnie sont renouvelés au commencement de chaque année. On a soin de rappeler sur les nouveaux le dernier mouvement de chaque individu qui est alors absent du corps.

Les militaires qui surviennent après la confection ou le renouvellement annuel des contrôles, sont ajoutés à la suite de leurs grades respectifs, et leur classement par rang d'ancienneté n'a lieu qu'au renouvellement des contrôles.

Hommes passant d'une compagnie à une autre, ou changeant de grade dans la même compagnie.

470. Lorsqu'un militaire passe, dans le même corps, d'une compagnie à une autre, on indique sur les contrôles annuels de la compagnie qu'il a quittée, le numéro de la case qu'il doit occuper dans sa nouvelle compagnie, et on porte sur le contrôle de sa nouvelle compagnie le numéro de la case qu'il occupait dans l'ancienne.

Le militaire qui avance en grade, sans changer de compagnie, est rayé de la case qu'il occupait, et il est inscrit dans une case à la suite de son nouveau grade.

On opère de la même manière pour les sous-officiers, caporaux ou brigadiers descendus à un grade ou à un rang inférieur, sans changer de compagnie.

Hors le cas de promotions, ces sortes de mouvemens ne peuvent s'effectuer qu'en vertu de l'autorisation spéciale des officiers généraux sous les ordres desquels les corps sont immédiatement placés.

L'homme qui, dans le cas prévu par le présent article, cesse d'appartenir à une compagnie ou à l'état major d'un corps, est de suite rayé des contrôles, et son numéro reste vacant jusqu'à la fin de l'année.

Militaires changeant de corps.

471. Lorsqu'un officier ou un homme de troupe passe d'un corps dans un autre, le conseil d'administration du corps d'où il sort est tenu d'en donner avis sur-le-champ à son nouveau corps, et de l'informer du jour du départ. L'officier est inscrit sur le contrôle du nouveau corps, s'il n'y est pas déjà porté de la manière indiquée à l'art. 462.

États à fournir aux corps, des hommes traités dans les hôpitaux.

472. Les états trimestriels à fournir par le directeur ou l'ad-

ministrateur de chaque hôpital militaire ou civil, des militaires qui se trouvent ou qui ont été traités audit hôpital, sont dressés conformément à ce qui est prescrit par l'ordonnance sur le service des hôpitaux (1).

Hommes rayés et réadmis.

473. Les militaires absens de leur corps, et ceux prévenus de désertion, sont rayés des contrôles, lorsqu'il résulte d'un jugement, d'une décision ou d'un fait constaté, qu'ils n'appartiennent plus à ces corps, ou bien lorsque six mois se sont écoulés sans qu'on ait pu découvrir ce qu'ils sont devenus.

Ceux de ces militaires qui sont réadmis à leur corps, sont inscrits sur les contrôles comme hommes de nouvelle levée.

Les hommes faits prisonniers de guerre sont rayés des contrôles annuels, à compter du jour où ils sont tombés au pouvoir de l'ennemi; ils sont compris sur un registre particulier, conforme au modèle n° 30, qui est tenu au dépôt de chaque corps. A leur rentrée au corps, ils sont rayés de ce registre et réintégrés sur les contrôles.

Mention de la masse de linge et chaussure des hommes morts ou absens.

474. En cas de mort, de radiation, et dans tous les cas d'absence, on porte sur le contrôle, à la suite de la mutation de l'homme, la situation de sa masse de linge et chaussure.

Comparaison des livres de compagnie avec le contrôle général et le registre de l'effectif.

475. Les livres de compagnie, en ce qui concerne les mutations des officiers et des hommes de troupe, sont comparés tous les mois avec le contrôle général du corps; en présence du conseil d'administration, qui ordonne les rectifications dont les uns et les autres sont reconnus susceptibles, et en rend compte au sous-intendant militaire.

Ce fonctionnaire compare, quand il le juge convenable, ses contrôles avec ceux tenus par le major et avec les livres de compagnie.

§ II. *Contrôles des chevaux.*

Forme des contrôles généraux et particuliers.

476. Dans les corps de cavalerie, on tient pour les chevaux des contrôles conformes au modèle n° 31, et qui sont divisés et numérotés comme ceux des hommes. Tous les chevaux sont désignés par les numéros de leurs cases; par leurs noms et signalemens. Ceux des officiers le sont en outre par les noms de leurs propriétaires.

---

(1) *Voir* cette ordonnance, art. 462 et suivans.

Ces contrôles sont disposés de manière qu'il y en ait un pour l'état major et un pour chaque escadron ou compagnie.

La réunion de ces contrôles particuliers forme le contrôle général des chevaux du corps.

On tient un pareil contrôle, tant dans l'infanterie que dans la cavalerie, pour les chevaux de bât.

477. Le contrôle général des chevaux est tenu par l'officier qui tient le contrôle général des hommes.

Les états de mutations des chevaux sont fournis à cet officier de la même manière qu'il est prescrit par l'article 466 pour ceux des hommes.

478. On suit pour la tenue des contrôles des chevaux, les dispositions de l'article 465, dans les cas qui y sont prévus.

479. Chaque capitaine commandant tient un contrôle de chevaux, qui fait partie du registre de détail.

Un pareil contrôle est tenu par le trésorier pour l'état major.

Mutations et mouvemens des chevaux.

480. Tous les mouvemens et toutes les mutations des chevaux sont portés exactement sur les contrôles ci-dessus mentionnés.

Lorsqu'un cheval passe, dans le même corps, d'une compagnie à une autre, on fait mention, sur les contrôles des chevaux de la compagnie qu'il quitte, du numéro qu'il doit prendre dans la nouvelle compagnie, et on indique pareillement sur les contrôles de cette compagnie, le numéro de la case qu'il occupait dans l'ancienne.

481. Dans le cas prévu par l'article 273, on fait mention sur les contrôles, des chevaux qui ont été laissés au dépôt.

Renouvellement des contrôles.

482. Les contrôles des chevaux sont renouvelés à la même époque que ceux des hommes. Au renouvellement de ces contrôles, on a soin de rappeler sur les nouveaux la dernière mutation de chaque cheval alors absent du corps. On a également soin d'ajouter dans le signalement une année à l'âge de chaque cheval.

§ III. *Contrôles des Voitures des Escadrons du train des Équipages.*

Forme et tenue des contrôles.

483. Dans les escadrons du train des équipages, on tient, dans la forme du modèle nº 32, un contrôle particulier pour les voitures affectées à ces corps.

Ce contrôle est divisé par cases numérotées depuis la première jusqu'à la dernière. Chaque voiture porte le numéro de son enregistrement au contrôle.

Le contrôle des voitures est tenu par l'officier qui tient le contrôle des hommes.

Il est renouvelé tous les ans, comme celui des chevaux.

484. Les voitures sont enregistrées sur le contrôle à la date de leur entrée en service. Celles qui, après avoir atteint le terme de leur durée, ou pour toute autre cause, ont été reconnues hors de service, sont rayées du contrôle. La nécessité de ce renouvellement est constatée par un procès verbal que dresse le sous-intendant. Il est fait mention, à leur article, des motifs de leur renouvellement, avec indication du numéro des voitures qui les ont remplacées. On porte également à la case de ces dernières voitures, le numéro de celles qu'elles doivent remplacer.

§ IV. *Des Registres d'écrou.*

Forme et tenue.

485. Les concierges des maisons d'arrêt tiennent des registres d'écrou de tous les militaires qui y sont détenus comme traduits aux conseils de guerre, ou subissant une détention par suite de jugement, ou comme conduits de prison en prison par la gendarmerie à leur destination, ou enfin comme détenus par mesure de discipline, ainsi qu'il est dit à l'article 292.

Ces registres, conformes au modèle n° 33, contiennent les noms, prénoms et grades des hommes, la désignation de leurs corps, les jours d'entrée et de sortie.

486. Les commandans de la gendarmerie et les rapporteurs près les conseils de guerre surveillent la tenue de ces registres, et en sont responsables, chacun en ce qui le concerne.

SECTION II.

Des Contrôles à tenir par les Sous-Intendans.

Double des contrôles tenus par les corps.

487. Les sous-intendans militaires tiennent un double de tous les contrôles tenus par les corps et établissemens considérés comme corps placés sous leur inspection. Les imprimés, pour ces contrôles, sont fournis par les soins du Ministre secrétaire d'état de la guerre.

Remise des états de mutations au sous-intendant militaire.

488. Les états de mutations des hommes, des chevaux et des voitures, sont fournis aux sous-intendans militaires, dans la forme des modèles n°s 34 et 35, aux époques ci-après; savoir :

Dans l'intérieur, sur le pied de paix ou de rassemblement, tous les jours, immédiatement après le rapport du matin, pour les corps stationnés dans le lieu où réside le sous-intendant militaire; et tous les quatre jours, pour les corps stationnés hors de cette résidence, ainsi qu'aux armées actives.

Les envois sont faits, sous la surveillance du commandant du corps, par le major ou par l'officier chargé de la tenue des contrôles.

Les états de mutations font connaître la situation de la masse de linge et chaussure de chaque homme, dans les cas prévus par l'article 474; ils sont certifiés par l'officier chargé de la tenue des contrôles, et visés par le commandant de chaque corps. S'il n'y a point eu de mutations, les états sont négatifs.

Aussitôt après la réception des états mentionnés ci-dessus, les sous-intendans enregistrent les mutations sur leurs contrôles.

489. Lorsqu'une troupe est en marche, l'état de ses mutations est fourni, dans tous les lieux de séjour, au sous-intendant ou au commandant de place, et, à leur défaut, au sous-préfet ou maire, qui la passe en revue, et indique sommairement lesdites mutations au tableau de sa revue, sur la feuille de route en vertu de laquelle la troupe marche.

A l'arrivée de la troupe à sa destination, l'état général de ses mutations, pour tout le temps de sa marche, est également fourni au sous-intendant qui en prend la police. Le sous-intendant, après avoir vérifié ces relevés sur la feuille de route, qui lui est également remise, l'enregistre aux contrôles annuels.

Présentation au sous-intendant des militaires arrivant au corps.

490. Les communications des pièces justificatives des mutations et mouvemens sont faites par les officiers arrivant à leur corps, soit pour la première fois, soit après une absence quelconque. Ces officiers sont tenus de se présenter, aussitôt après leur arrivée, chez le sous-intendant militaire, s'il est sur les lieux; s'il n'y est pas, chez le commandant de la place, lequel donne au sous-intendant avis de leur présentation.

Le sous-intendant, et, en son absence, le commandant de place, visent les pièces qui leur sont présentées. Leur *visa* est daté.

491. Les sous-officiers et soldats qui arrivent au corps, soit pour la première fois, soit après une absence quelconque, sont, dans les vingt-quatre heures de leur arrivée, présentés au sous-intendant, s'il est sur les lieux, par le fourrier de la compagnie à laquelle ils sont destinés, ou par celui qui en fait les fonctions, à l'effet d'être aussitôt portés présens sur les contrôles de la compagnie, de la date de leur présentation.

Le sous-officier qui accompagne lesdits hommes chez le sous-intendant, doit lui présenter les pièces en vertu desquelles ces hommes sont arrivés au corps, et lui remettre en même temps la note des numéros qui leur sont affectés, tant au contrôle qu'au registre-matricule, et celle de leurs noms, prénoms, surnoms, lieu de naissance et dernier domicile.

Dans les places où il ne se trouve pas de sous-intendant, ces présentations sont faites aux commandans de place, et à défaut de ceux-ci, aux sous-préfets ou maires. Le sous-intendant, ou celui qui le remplace, vise les pièces qui lui sont présentées; ce *visa* est daté.

Contrôles des portions de corps détachées dans un même département.

492. Lorsque les parties d'un corps de troupe se trouvent disséminées sur plusieurs points d'un département dans lequel sont employés plusieurs sous-intendans, les contrôles annuels de ce corps, à tenir par les sous-intendans, sont tenus en totalité par celui qui a l'inspection du dépôt.

Contrôles des détachemens employés dans un département autre que celui où réside le dépôt.

493. Si les détachemens sont employés dans un département autre que celui où réside le dépôt, les sous-intendans à qui l'inspection de ces détachemens est confiée, en tiennent les contrôles annuels.

En conséquence, lorsque des détachemens se séparent du corps pour se rendre dans un autre département, si ces détachemens sont composés de compagnies entières, le sous-intendant ayant la police du dépôt adresse les contrôles de ces compagnies, après les avoir arrêtés, aux sous-intendans dans l'arrondissement desquels elles doivent se rendre. Si, au contraire, les détachemens ne sont composés que de fractions de compagnies, il en est formé des contrôles particuliers, extraits du contrôle général; on y indique la date du départ de chaque homme et de chaque cheval; et le sous-intendant en fait l'envoi à ceux de ses collègues qui doivent prendre la police des détachemens.

Cas de changement de destination.

494. Lorsqu'un corps ou détachement de troupe s'administrant lui-même change de département, le sous-intendant en arrête les contrôles jusqu'au jour exclus de son départ, et les adresse au sous-intendant dans l'arrondissement duquel le corps ou détachement doit passer.

Contrôles des détachemens de recrues.

495. Lorsqu'un détachement de recrues part pour rejoindre un corps, il est établi pour lui un contrôle nominatif en double expédition, dans la forme du modèle n° 36. Ce contrôle est visé par le sous-intendant chargé de la tenue du contrôle du rassemblement des recrues.

Au départ du détachement, le sous-intendant remet une expédition de ce contrôle au conducteur, pour y inscrire toutes les mutations qui peuvent survenir en route, et adresse l'autre au sous-intendant du dépôt du corps auquel le détachement est destiné, pour être remis au conseil d'administration de ce dépôt.

A l'arrivée du détachement à sa destination, le major, et en son absence, l'officier chargé de le remplacer, inscrit sur le contrôle qui a été remis par le sous-intendant, les mutations survenues en route. Cette inscription est faite au moyen du dépouillement des mutations inscrites sur la feuille de route et sur le contrôle tenu par le conducteur. Le major établit, sur les deux expéditions des contrôles nominatifs mentionnés ci-dessus, le décompte des journées donnant droit à la solde et aux vivres, ainsi que les décomptes des sommes et des rations revenant au détachement pour le temps de la route, sans distinction de trimestre ni d'exercice. Les deux expéditions du contrôle sont signées par le major et le conducteur, et remises au sous-intendant, avec les feuilles de journées du trimestre, pour être employées, ainsi qu'il est dit à l'article 551.

Le décompte des sommes et des rations qui ont été perçues par le commandant du détachement, est réglé, ainsi qu'il est expliqué à l'article 815.

Destination des contrôles après leur renouvellement.

496. Lorsque les contrôles tenus par les sous-intendans militaires ont été renouvelés, et que les revues du dernier trimestre de l'année expirée ont été faites, ils sont envoyés à l'intendant de la division, pour être conservés dans ses archives.

Section III.

Des Logemens militaires.

États annuels.

497. D'après les dispositions de l'article 182, l'indemnité de logement ne devant être accordée qu'à défaut, ou en cas d'insuffisance de logemens en nature, le directeur des fortifications remet, le premier jour de chaque année, à l'intendant militaire de chaque division, l'état général des logemens militaires affectés aux officiers de tout grade et de toute arme, ainsi qu'aux employés militaires. Cet état indique ceux desdits logemens qui ne seraient point alors habitables.

États mensuels.

498. Le directeur envoie en outre, le premier jour de chaque mois, à l'intendant divisionnaire, un état sommaire indicatif des logemens qui ont été mis en état d'occupation par les réparations faites, ou qui sont devenus inhabitables par suite de dégradations survenues pendant le mois précédent.

Communication de ces documens aux sous-intendans.

499. L'intendant adresse des extraits de ces états aux sous-intendans de la division chargés de l'inspection des corps, ainsi qu'à ceux auxquels il a délégué la faculté d'établir les revues des officiers sans troupe et employés militaires.

Certificats de non fourniture de meubles.

500. L'indemnité d'ameublement due dans le cas prévu par le deuxième alinéa de l'article 182, ne doit être allouée aux officiers auxquels elle est attribuée, que sur un certificat délivré par l'entre-

preneur ou le garde-magasin des lits militaires, revêtu du *visa* du sous-intendant, et attestant que les meubles n'ont pu être fournis des magasins militaires.

TITRE II.

DES REVUES.

CHAPITRE Ier.

Officiers sans troupe et Employés militaires.

Revues par qui établies.

501. Les intendans et sous-intendans militaires sont chargés de l'établissement des revues de liquidation des officiers sans troupe et des employés militaires dont ils tiennent les contrôles, conformément à l'article 453.

Forme des revues.

502. Il est fait une revue de liquidation, par trimestre, pour chaque classe d'officiers d'état major ou sans troupe et d'employés militaires en résidence dans un même département ou attachés à un même corps d'armée. Cette revue, conforme au modèle n° 37, est divisée par chapitres, suivant l'ordre des grades; elle présente les noms, prénoms, grades, mutations et mouvemens des officiers et employés; le nombre de journées donnant droit à la solde, ainsi qu'aux accessoires de la solde, et les décomptes en deniers des sommes dues pour les mêmes prestations. Les sommes de chaque chapitre concernant les officiers d'un même grade et d'une même classe sont additionnées séparément, et la revue est terminée par une récapitulation.

Les revues de liquidation des fournitures en nature faites aux mêmes officiers ou employés sont établies dans le même ordre et dans la forme du modèle n° 38.

Les revues pour le personnel du service des subsistances sont divisées en autant de chapitres qu'il y a d'employés de différens services.

Militaires sans troupe absens à l'époque d'une revue.

503. Les militaires sans troupe et employés militaires absens de leur poste par congé, à l'époque d'une revue de liquidation, ne sont portés que pour mémoire sur ladite revue, pour le temps de leur absence. L'intendant ou le sous-intendant indique avec soin la durée du congé, l'époque de son expiration, et s'il a été accordé avec ou sans solde.

Idem autorisés à toucher leur solde ailleurs qu'à leur poste.

504. Lorsque des officiers sans troupe ont été autorisés par le

Ministre secrétaire d'état de la guerre à toucher leur solde ailleurs qu'à leur poste ou à leur résidence, ils sont compris pour mémoire dans la revue de liquidation des officiers sans troupe de l'arrondissement où ils résident habituellement, et l'intendant ou le sous-intendant y porte l'annotation des ordres qui ont autorisé leur paiement ailleurs qu'à leur résidence habituelle; pareille mention est faite dans la revue sur laquelle ils doivent être compris pour être payés.

505. Les dispositions de l'article précédent sont applicables aux officiers sans troupe, pairs de France ou membres de la chambre des députés, et ce, pour le temps de la durée des sessions législatives.

Il en est de même à l'égard des officiers pourvus d'emplois civils à la cour, pour le temps de leur service auprès du Roi.

Revues en double expédition. Destination à leur donner.

506. Les revues de liquidation des militaires sans troupe et employés militaires, sont dressées en double expédition : la première reste pour minute entre les mains de l'intendant ou du sous-intendant qui l'a établie ; l'autre expédition, lorsqu'il s'agit d'une revue faite par un sous-intendant, est adressée à l'intendant divisionnaire aussitôt après sa confection, et lorsqu'il y a eu des fournitures en nature, aussitôt après le règlement de décompte dont il est parlé en l'article 601.

On y joint l'état des individus logés, avec ou sans meubles, dans les bâtimens militaires, les feuilles de route, les congés, les ordres de missions, les billets de sortie des hôpitaux, et généralement toutes les pièces qui ont dû être communiquées aux sous-intendans, à l'exception des brevets et lettres de service.

CHAPITRE II.

Corps de troupe.

SECTION Ire.

Des Revues sur le terrain.

§. Ier. *Revues des Sous-intendans.*

Revues inopinées.

507. Pour s'assurer de l'exactitude de leurs contrôles, et constater l'effectif des hommes, des chevaux et des voitures, les sous-intendans passent les corps en revue sur le terrain, au moins une fois par mois. Ces revues sont inopinées.

Les sous-intendans passent en outre les troupes en revue sur le terrain toutes les fois qu'ils le jugent convenable, et lorsqu'ils en sont requis par les intendans militaires, ou en vertu des ordres du Ministre secrétaire d'état de la guerre.

Concertées préalablement avec l'autorité militaire.

508. Les sous-intendans, avant de passer leur revue, sont tenus de se concerter avec l'officier général qui commande la place ou le quartier, à l'effet de fixer le jour, l'heure et le lieu de la réunion des troupes.

509. Les commandans des places ou quartiers, avertissent la veille les commandans des corps ou détachemens du lieu et de l'heure où ils doivent être passés en revue.

Postes relevés.

510. Tous les officiers, sous-officiers et soldats, tous les chevaux et toutes les voitures, doivent être présens aux revues : à cet effet, tous les postes et plantons et les travailleurs appartenant aux corps qui doivent être passés en revue, sont généralement relevés par d'autres troupes de la garnison; et lorsqu'il n'y a qu'un seul régiment dans une place, les compagnies de grenadiers ou d'élite sont passées les premières en revue et vont relever les hommes de service; le surplus du corps reste sous les armes, jusqu'à ce que ces derniers soient relevés et passés en revue.

511. Il peut être fait exception à cette règle pour les troupes en garnison à Paris, ou dans certaines localités qui en rendent l'exécution impossible ou trop difficile. Alors la revue est passée en deux fois, à des heures et même à des jours différens, s'il est nécessaire. Les grenadiers et les voltigeurs passés en revue le matin ou la veille, relèvent et occupent ensuite tous les postes, de manière à faciliter la réunion des autres portions du corps qui restent à passer en revue.

Disposition du corps pendant la revue.

512. Lorsqu'un corps ou détachement doit être passé en revue, les compagnies sont mises en haie et sur un rang. Les officiers et sous-officiers de chaque compagnie sont placés à la droite, suivant leurs grades, et les soldats suivant leur rang et leur numéro au contrôle annuel de leur compagnie ou escadron.

Les sous-intendans, les officiers et la troupe, sont dans la plus grande tenue.

L'état major est placé à la droite du premier bataillon ou escadron.

Les compagnies restent en haie sous les armes et en silence, sans qu'aucun homme ni qu'aucun cheval puisse sortir de son rang avant la fin de la revue.

Au moment où le sous-intendant se présente à la tête de chaque compagnie, le capitaine ou l'officier commandant, dans l'infanterie, fait porter les armes, et la compagnie reste au port d'armes jusqu'à ce qu'elle ait été passée en revue.

Les capitaines de cavalerie font mettre le sabre à la main.

513. Lorsque les sous-intendans le demandent, les commandans des corps de cavalerie font mettre pied à terre aux hommes, qui se placent en tête de leurs chevaux.

Feuilles d'appel.

514. Les sous-intendans font leur revue par appel nominal, sur des feuilles d'appel conformes au modèle n° 39, qui leur sont remises, en se présentant à la tête des compagnies ou escadrons, par les capitaines ou officiers commandans, et par le major pour l'état major.

Ces feuilles certifiées par ces officiers, présentent les numéros, noms, prénoms, surnoms et grades des officiers, sous-officiers et soldats, ainsi que leurs mouvemens et mutations depuis la dernière revue. Il est fait des feuilles distinctes pour les chevaux, suivant le modèle n° 40; il en est fait de particulières pour les voitures, suivant le modèle n° 41.

515. Il est également remis au sous-intendant, par le major, dans chaque corps, et par le chef dans chaque détachement, un état nominatif, conforme au modèle n° 42, des officiers, sous-officiers et soldats désignés sur les feuilles d'appel comme malades à la chambre. Cet état est certifié par l'officier de santé le plus élevé en grade; il est vérifié par le major et visé par le chef du corps; et à défaut d'officier de santé dans un détachement, il est certifié par l'officier commandant.

Il est remis au sous-intendant un semblable état pour les chevaux à l'infirmerie sur la litière, lequel est certifié par le maréchal vétérinaire, et également vérifié par le major, et visé par le commandant.

Sacs, porte-manteaux, livrets et registres de détail.

516. Chaque homme présent à la revue doit avoir son sac ou porte-manteau et son livret, afin que le sous-intendant puisse en vérifier la situation, s'il le juge convenable.

Le sac ou le porte-manteau doit contenir, sans exception, tous les effets qui doivent y exister d'après le livret.

Les sergens majors et les maréchaux des logis en chef, doivent être porteurs du registre de détail de leurs compagnies ou escadrons.

Appel nominal.

517. Le sous-intendant commence la revue par l'état major. Il fait lui-même l'appel nominal des officiers; l'adjudant ou le sous-officier chargé du détail, fait, en arrière du rang, l'appel des sous-officiers, ouvriers et musiciens.

Le sous-intendant fait pareillement l'appel des officiers des compagnies; et pendant qu'il passe devant la troupe, le sergent major fait, en arrière du rang, l'appel des sous-officiers, caporaux, soldats et enfans de troupe.

Vérification de la marque des chevaux.

518. Le sous-intendant s'assure que chaque cheval de troupe est empreint des marques prescrites par les ordonnances. Il fait renouveler ces marques lorsqu'il y a lieu. A cet effet, les empreintes doivent être apportées sur le terrain, et placées auprès des forges.

Passe-volans.

519. S'il arrive qu'un homme soit surpris passant en revue dans un corps auquel il n'appartient pas, ou dans une compagnie autre que la sienne, le commandant de la compagnie dans laquelle il se trouve au moment de l'appel est signalé par le sous-intendant, dans un rapport en forme de plainte qu'il adresse à l'officier général commandant. Le sous-intendant en rend compte, dans le jour, à l'intendant divisionnaire, qui en prévient immédiatement le Ministre secrétaire d'état de la guerre.

Le général doit, de son côté, rendre compte de ce fait au Ministre, pour que le commandant de la compagnie, et même le commandant du corps, soient jugés et punis, s'il y a lieu, conformément au Code pénal militaire.

520. On opère de la manière prescrite à l'article précédent, si un cheval présenté à la revue est reconnu pour avoir été réformé, ou pour ne point appartenir à l'escadron dans lequel il se trouve au moment de l'appel.

Réclamations individuelles des militaires passés en revue.

521. Le sous-intendant reçoit pendant la revue, les réclamations que les militaires de tout grade peuvent avoir à former pour des objets concernant l'administration, et est tenu d'y faire droit lorsqu'elles sont fondées sur les lois et ordonnances. Il est expressément défendu aux chefs de corps d'infliger aucune punition aux auteurs de ces réclamations, quand même elles seraient dénuées de fondement, à moins que ces derniers n'aient négligé de s'adresser préalablement à leurs chefs, suivant les règles de la subordination et de la hiérarchie.

La troupe défile devant le sous-intendant.

522. Après la revue, le régiment ayant en tête le commandant en second et l'état major, défile devant le sous-intendant. Pendant ce temps, le colonel est placé à la droite du sous-intendant, et le major à sa gauche.

Visite au quartier et à l'infirmerie.

523. Le sous-intendant se rend au quartier et aux infirmeries

pour y vérifier l'existence des hommes malades à la chambre et des chevaux restés à l'infirmerie, d'après les états qui lui ont été remis en exécution de l'article 515.

La troupe ne doit rentrer au quartier qu'après que cette visite a été faite.

Le sous-intendant doit aussi s'assurer de l'existence des officiers malades à la chambre.

État de mutations indépendans des feuilles d'appel.

524. Les feuilles d'appel dont il est fait mention à l'article 514, ne dispensent point les officiers commandans de remettre au sous-intendant les états de mutation dont l'établissement est prescrit par l'article 488.

Revues des canonniers gardes-côtes.

525. Les sous-intendans militaires sont tenus de passer tous les mois en revue les canonniers gardes-côtes, toutes les fois que les localités et les circonstances le permettent. Dans le cas contraire, ils doivent les passer en revue au moins une fois par trimestre, mais sans déplacement des postes établis aux batteries. Cette revue doit toujours être inopinée; néanmoins le sous-intendant en prévient l'officier général qui commande.

Lorsque les revues des canonniers gardes-côtes ne peuvent être passées tous les mois, les capitaines des compagnies envoient au sous-intendant, dans les dix premiers jours de chaque mois, des certificats, signés par les commandans de batteries, certifiés par les maires et visés par lesdits capitaines, constatant la présence des hommes aux batteries.

Revue des recrues en rassemblement.

526. Les recrues tenues en rassemblement sont pareillement passées en revue par les sous-intendans militaires, et principalement aux époques des distributions, lorsque les circonstances le permettent; dans le cas contraire, les capitaines de recrutement leur envoient, dans les dix premiers jours de chaque mois, des certificats de présence des hommes, signés par eux et visés par les maires des communes.

Certificats de présence contenant de fausses déclarations.

527. Lorsqu'il est reconnu que des capitaines de canonniers gardes-côtes, des commandans de batteries et des capitaines de recrutement, ont signé, dans les cas prévus aux articles précédens, des certificats portant comme présens des hommes qui ne le sont pas, il est procédé envers eux de la même manière qu'il est prescrit en l'article 519.

Revue des hommes aux hôpitaux.

528. Indépendamment des revues prescrites par les articles qui

précèdent, les sous-intendans passent encore celle des militaires malades aux hôpitaux, soit que ces militaires appartiennent aux corps soumis à leur inspection, ou qu'ils ne leur appartiennent pas. Les directeurs ou administrateurs leur remettent, pour cette revue, les états dont la formation est ordonnée par l'article 472.

Revues de départ, de passage et d'arrivée.

529. Si un corps ou détachement reçoit l'ordre de changer de garnison, il est passé en revue la veille ou le jour de son départ; le tableau de cette revue est inscrit sur la feuille de route.

Cette revue est répétée dans chaque gîte où la troupe doit séjourner, par le sous-intendant, et à son défaut par le commandant de la place, le sous-préfet ou le maire.

Elle est encore répétée par le sous-intendant, le jour ou le lendemain de l'arrivée de la troupe au lieu de sa destination.

530. Les dispositions de l'article précédent sont applicables aux détachemens de recrues.

Avis des mouvemens donnés par les généraux aux intendans.

531. Pour l'exécution de l'article 529, les généraux commandant les divisions sont tenus de prévenir les intendans de tous les mouvemens de troupes qui doivent s'opérer dans leurs divisions respectives. Cet avis est donné plusieurs jours à l'avance, lorsque le bien du service ne s'y oppose point; et si les mouvemens sont de nature à être tenus secrets, l'avis est donné dès que les circonstances le permettent.

Dans tous les cas, les intendans doivent être avertis assez à temps pour pouvoir faire préparer les vivres dans les lieux de passage.

§ II. *Revues des Intendans militaires.*

Cas où elles ont lieu.

532. Les intendans militaires passent les corps en revue sur le terrain toutes les fois qu'ils en reçoivent l'ordre du Ministre secrétaire d'état de la guerre, ou qu'ils le jugent utile au bien du service du Roi.

Ces revues ont lieu ainsi qu'il est prescrit pour les revues à passer par les sous-intendans militaires, sauf les modifications ci-après.

Disposition du corps pendant la revue.

533. La troupe doit être formée en bataille sur le terrain désigné pour la revue, au moment où l'intendant se présente devant le front; immédiatement après, on fait rompre par compagnies, et les compagnies sont mises en haie, conformément à l'article 512.

Comment la troupe doit défiler.

534. Au moment où la troupe doit défiler, le colonel ou l'officier

supérieur qui la commande, se met à sa tête, et après avoir défilé de sa personne devant l'intendant, il va se placer à sa droite; le sous-intendant, qui accompagne l'intendant, se place à sa gauche.

SECTION II.

Des Feuilles de journées.

Comment établies.

555. Il est établi, pour servir à la confection des revues des corps de troupe, des feuilles de journées, tant pour les hommes que pour les chevaux et les voitures, suivant le modèle n° 43.

556. Ces feuilles sont faites en triple expédition, par compagnie et par trimestre; il y en a de particulières pour l'état major.

Elles sont nominatives, et présentent, 1° les mouvemens et mutations survenus depuis la dernière revue générale de comptabilité; 2° le détail des journées donnant droit aux diverses espèces de solde et aux supplémens et accessoires de solde, aux fournitures en vivres et chauffage; 3° le décompte des sommes et des rations à allouer, 4° le décompte spécial de la portion de haute-paie acquittable à l'avance; 5° le nombre des hommes ayant droit aux premières mises de petit équipement; 6° enfin celui des condamnés aux travaux publics et au boulet à qui l'habillement a été fourni.

La feuille de journée de l'état major, pour les hommes, contient en outre le tableau général de l'effectif du corps tant en hommes qu'en chevaux, ainsi que la balance du gain et de la perte résultant des mutations survenues depuis la dernière revue.

Cas où elles peuvent ne pas présenter de décomptes en deniers.

537. Si, à l'armée, les feuilles de journées ne peuvent, pour cause de mouvemens ou d'autres circonstances, être assez promptement et complètement établies, l'intendant militaire a la faculté de dispenser les capitaines de porter sur ces feuilles le décompte des journées et des divers traitemens.

Dans ce cas, il suffit que les capitaines portent dans les feuilles les noms, prénoms, grades, les mutations et mouvemens, ainsi que l'annotation des diverses rations de subsistances perçues, ou de tout autre traitement extraordinaire ou local. Les décomptes de ces feuilles sont ensuite établis par les conseils d'administration des dépôts.

Etats spéciaux à joindre aux feuilles de journées.

538. Lorsqu'il y a lieu d'allouer à un corps des sommes pour gratification d'entrée en campagne, il en est dressé un état particulier que l'on joint aux feuilles de journées.

Il en est de même à l'égard des sommes à allouer pour indemnités de pertes de chevaux ou d'effets, ou pour gratifications de première mise aux sous-officiers promus officiers.

Ces états sont conformes aux modèles nos 44, 45, 46.

Feuilles de journées pour les voitures et chevaux de bât.

539. Il n'est établi qu'une seule feuille de journées pour les voitures dans chaque escadron ou détachement du train des équipages s'administrant lui-même.

On ne fait aussi, par corps ou détachement, qu'une seule feuille de journée pour les chevaux de bât.

Corps provisoires.

540. Il ne doit y avoir pareillement qu'une feuille de journées pour tous les militaires n'appartenant à aucun corps, qui sont employés dans des corps provisoires.

Epoque de l'ouverture des feuilles de journées.

541. Les feuilles mentionnées aux articles précédens sont ouvertes le premier jour de chaque trimestre; et on y porte journellement les mutations.

Les sous-intendans militaires s'assurent par eux-mêmes, et le plus souvent qu'il est possible, de l'exécution de cette disposition, dont ils sont personnellement responsables.

Détachement s'administrant séparément.

542. Lorsqu'un détachement se sépare de son corps pour s'administrer lui-même, il est ouvert pour lui, le jour de son départ, des feuilles particulières de journées pour chacune des compagnies qui le composent. Il ne peut lui être délivré aucun état de paiement, soit avant son départ, soit en route, et ce sous la responsabilité des sous-intendans, qu'après qu'il a représenté ces feuilles.

Si le détachement se compose de fractions de compagnies, il est ouvert une seule feuille de journées, dans laquelle on a soin de distinguer, par ordre de grades, les hommes appartenant à chaque compagnie.

Mention à faire des emplois vacans.

543. Lorsqu'il se trouve dans un corps des emplois d'officiers vacans, il en est fait mention sur les feuilles de journées qui doivent servir à l'établissement des revues de liquidation, avec indication de l'époque et du motif de la vacance.

Militaires absens portés pour mémoire.

544. Tout militaire absent de son corps par congé ou mission autorisée, à l'époque d'une revue de liquidation, n'est, sauf le cas prévu par l'article 556, employé que pour mémoire sur les feuilles de journées, à compter du jour de son départ. On y indique avec

soin la durée du congé, l'époque de son expiration, et si il a été accordé avec ou sans solde.

Officiers promus ou changeant de compagnie.

545. Les officiers promus à un nouveau grade sont portés sur les feuilles de journées à l'apostille de leur ancien grade jusqu'au jour exclus de leur réception, et compris, depuis cette époque, à l'apostille de leur nouveau grade.

546. Les officiers passant, dans le même corps, d'une compagnie à une autre, sans changer de grade, sont portés à l'apostille de leur grade sur les feuilles de journées de leur ancienne compagnie, jusqu'au jour exclus où ils l'ont quittée.

Sous-officiers et soldats dans les mêmes cas.

547. Les hommes nommés caporaux ou brigadiers, ou passant d'un grade à un autre dans la classe des sous-officiers, sont portés sur les feuilles de journées à l'apostille de leur ancien grade, jusqu'au jour exclus de leur réception; et ils comptent depuis la même époque à l'effectif de leur nouveau grade.

548. Les hommes passant, d'une compagnie dans une autre sans changer de grade, ou par l'effet d'une promotion, sont également portés sur les feuilles de journées de leur ancienne compagnie, jusqu'au jour exclus où ils l'ont quittée.

Clôture des feuilles de journées.

549. Les feuilles de journées, quels que soient les mouvemens dans l'intérieur ou aux armées, ne sont closes qu'à l'expiration du trimestre.

Par qui certifiées.

550. Les feuilles de journées des compagnies, tant pour les hommes que pour les chevaux, sont certifiées et signées par les commandans de ces compagnies; celles des états majors sont certifiées et signées par le trésorier ou l'officier payeur.

La feuille de journées des militaires qui, n'appartenant à aucun corps, sont employés dans les corps provisoires, est certifiée et signée par l'officier payeur.

La feuille de journées pour les voitures du train des équipages militaires, et celle pour les chevaux de bât, sont certifiées et signées par le trésorier ou l'officier payeur.

Toutes ces feuilles sont vérifiées et visées par l'officier chargé de la tenue des contrôles annuels.

Cas où les contrôles tiennent lieu de feuilles de journée.

551. Il n'est pas établi de feuilles de journées pour les recrues en rassemblement. Elles sont remplacées par les contrôles qui,

conformément à l'article 465, doivent être tenus par les capitaines commandant les dépôts de recrutement.

Les contrôles des détachemens de recrues tiennent également lieu de feuilles de journées, après avoir été arrêtées conformément à l'article 495.

Militaires en subsistance.

552. Il est fait des feuilles de journées particulières pour les militaires mis en subsistance dans un corps. Ces feuilles sont établies au nom de ce corps, mais chaque homme y est désigné par le corps auquel il appartient. Elles sont dressées et certifiées par le trésorier.

Feuilles de journées remplacées par des revues nominatives.

553. Les revues de liquidation des écoles militaires, celles des agens et surveillans d'ateliers des condamnés au boulet, des sous-employés des hôpitaux ou ambulances et des services administratifs, devant être nominatives, il n'est point établi de feuilles de journées pour servir à la confection de ces revues.

Dépôts réunissant des hommes de plusieurs corps.

554. Les feuilles de journées nécessaires à la confection des revues de liquidation des écoles d'équitation et d'hippiatrique, des dépôts de convalescens et autres dépôts généraux composés d'hommes appartenant à divers corps, sont dressées et certifiées par le trésorier, et visées par le commandant du dépôt. Il est établi pour chaque dépôt une seule feuille de journées par trimestre, divisée en autant de chapitres qu'il y a de corps ayant des hommes au dépôt; cependant, si le dépôt est considérable, il est fait des feuilles de journées distinctes pour les hommes d'un même corps.

Prisonniers de guerre étrangers.

555. Les feuilles de journées nécessaires à la confection des revues de liquidation des dépôts de prisonniers de guerre sont établies et certifiées par le commandant; il en est fait de particulières pour les prisonniers de chaque puissance (modèle n° 43 *bis*).

Militaires autorisés à toucher leur solde isolément.

556. Les officiers et militaires appartenant à un corps, et qui, étant en congé ou mission, sont autorisés à recevoir leur solde hors de leur corps, ne sont compris dans les feuilles de journées de leurs compagnies respectives, qu'autant que le double des états constatant les paiemens qui leur ont été faits, est parvenu au conseil d'administration de leur corps.

Cette disposition est applicable aux officiers de santé des corps détachés dans les hôpitaux et ambulances, et autres désignés aux articles 341, 342, 364 et 565.

Remise des feuilles de journées.

557. Les conseils d'administration, ou les officiers qui doivent en tenir lieu, envoient les feuilles de journées au sous-intendant militaire, au plus tard dans les dix premiers jours de chaque trimestre pour le trimestre expiré.

Si le corps est en marche pendant ces dix premiers jours, ses feuilles de journées sont envoyées, immédiatement après son arrivée à sa nouvelle destination, au sous-intendant qui devra prendre son inspection.

558. Si les feuilles de journées ne sont pas fournies dans les délais prescrits par l'article précédent, le sous-intendant fait connaître les motifs du retard à l'intendant divisionnaire, qui, après s'être concerté avec le lieutenant général pour faire cesser ce retard, en rend compte au Ministre de la guerre, et lui propose, s'il y a lieu, des mesures de rigueur contre qui de droit.

Vérification par les sous-intendans.

559. Aussitôt que le sous-intendant a reçu les feuilles de journées qui doivent lui être remises en exécution des articles précédens, il en fait la vérification sur les contrôles, les rectifie, s'il y a lieu, et les vise. S'il n'a pas l'inspection du dépôt, il les transmet sans délai au sous-intendant chargé de cette inspection, lequel les communique au conseil d'administration du dépôt, pour qu'il en fasse faire une contre-vérification, ou que, dans le cas prévu par l'article 537, il fasse faire les décomptes qui n'ont pu être établis par les compagnies détachées à l'armée. Ce dernier sous-intendant, après avoir reconnu l'exactitude de la contre-vérification, en fait porter le résultat, tant en augmentation qu'en déduction, à la suite de chaque feuille de journées.

560. La vérification des sous-intendans a pour objet de s'assurer:

1° Que toutes les mutations ont été rapportées exactement sur les feuilles de journées, telles qu'elles sont inscrites sur les contrôles, et constatées par les pièces justificatives;

2° Qu'il n'a point été fait de double emploi dans les différentes feuilles de journées sur lesquelles les mêmes militaires peuvent se trouver compris par l'effet de mutations ou de rappels dans le cours du même trimestre et dans le même corps.

3° Que les prestations en deniers et en rations ont été légitimement et légalement allouées, eu égard aux grades ou emplois des militaires, à leurs positions respectives de présence ou d'absence, et aux fixations des divers tarifs.

Cas où les paiemens sont suspendus.

561. Dans le cas de suspension du paiement de la solde, les feuilles de journées n'en sont pas moins closes à l'expiration du trimestre, vérifiées et transmises comme il est dit aux deux articles précédens.

SECTION III.

Des Revues de liquidation.

Comment et par qui établies.

562. Il n'est établi qu'une revue de liquidation par trimestre pour toutes les portions d'un même corps stationnées dans l'intérieur du royaume.

Il n'est établi également qu'une revue de liquidation par trimestre pour toutes les portions d'un même corps employées aux armées.

563. Les revues de liquidation d'un corps de troupe doivent être conformes au modèle n.° 47. Elles sont établies par le sous-intendant militaire qui a la police de ce corps.

Celles des écoles militaires ou autres établissemens désignés en l'article 402, et considérés comme formant corps de troupe, sont dressées par les sous-intendans ayant l'inspection de ces établissemens.

Les revues de liquidation d'un corps qui n'a pas de dépôt fixe, sont établies par le sous-intendant ayant l'inspection de la portion où se trouve le conseil d'administration du corps.

Il en est de même pour les revues des sous-employés des hôpitaux et des autres services administratifs.

564. Il n'est point établi de revues collectives pour les corps provisoires composés de détachemens de différens corps; ces détachemens sont compris sur les revues de leurs corps respectifs.

Cependant, s'il existe dans un corps provisoire des officiers ou sous-officiers qui ne soient immatriculés dans aucun corps, il doit être fait pour eux des revues spéciales collectives, portant la désignation de ce corps provisoire.

565. Les revues sont faites sur des imprimés fournis par les soins du Ministre secrétaire d'état de la guerre.

Celles des écoles militaires, des sous-employés des hôpitaux ou ambulances et des services administratifs, des agens et surveillans des ateliers de condamnés au boulet, sont nominatives. Les autres sont purement sommaires; elles constatent le montant des sommes et celui des rations de toute nature dues, en vertu des dispositions de la présente ordonnance, aux corps pour lesquels elles ont été établies; elles font connaître en outre l'effectif des hommes, et, lorsqu'il y a lieu, celui des chevaux et des voitures.

Epoques de leur établissement.

566. Les revues doivent être établies dans le premier mois de chaque trimestre pour le trimestre échu, à moins que le sous-intendant n'ait pas encore reçu les feuilles de journées.

Dans ce cas, on se conforme à ce qui est prescrit par l'article 558.

Corps partant avant l'établissement de sa revue.

567. Lorsque le dépôt d'un corps ou le personnel d'un établissement considéré comme corps sous le rapport des revues et de la comptabilité, quitte l'arrondissement d'un sous-intendant après l'expiration d'un trimestre, mais avant que la revue de liquidation puisse être établie, les feuilles de journées ainsi que les pièces à l'appui, et tous les documens nécessaires à la formation de la revue, sont adressées par le sous-intendant sous l'inspection duquel le dépôt se trouvait à l'expiration du trimestre, au sous-intendant du lieu de la destination dudit dépôt, lequel demeure chargé d'établir la revue.

Revues en trois expéditions.

568. Les revues de liquidation des corps doivent être établies en trois expéditions : leur destination est indiquée par les articles 596 et 610.

CHAPITRE III.

Dispositions particulières aux Troupes embarquées.

Détachemens compris sur les revues de leurs corps jusqu'à leur embarquement.

569. Les détachemens mis à la disposition de la marine, et que l'article 239 a divisés en trois catégories, continuent, quelle que soit celle de ces catégories à laquelle ils appartiennent, à être compris sur les revues de leurs corps respectifs, jusqu'au jour de l'embarquement.

A compter de ce jour, ils passent sous l'inspection des agens de la marine.

Feuilles de journées après l'embarquement.

570. Dans le cas prévu par l'article 240, les agens de la marine doivent veiller à ce que les contrôles, les états de mutations et les feuilles de journées, soient régulièrement établies. Ils sont chargés de recueillir les feuilles de journées, de les viser et arrêter, et de les adresser ensuite aux intendans militaires des divisions dans lesquelles sont stationnés les dépôts des corps auxquels les détachemens appartiennent.

Revues particulières après l'embarquement

571. Il est établi des revues particulières pour les détachemens qui se trouvent dans les première et deuxième catégories énoncées en l'article 239, à dater du jour de l'embarquement. Ces revues sont dressées par les sous-intendans militaires ayant l'inspection des dépôts des corps dont les détachemens font partie.

Coupure des revues.

572. Dans le cas prévu par l'article 417, les revues des détachemens doivent être coupées au jour du changement de destination.

Portions de corps considérées comme corps entiers.

573. Lorsqu'un corps de troupe est divisé de manière qu'une portion se trouve dans l'intérieur tandis que l'autre est embarquée, la portion du corps restée dans l'intérieur est considérée, sous les rapports de l'administration et de la comptabilité, comme formant le corps entier.

Il en est de même de la portion embarquée; mais à la réunion des deux portions du corps, toutes les parties de sa comptabilité doivent être réunies.

Obligation imposée aux agens de la marine pour la régularisation des paiemens.

574. Les agens de la marine sont tenus de se conformer aux dispositions de la présente ordonnance pour la régularisation des paiemens faits aux troupes embarquées.

Remboursemens à faire à la marine.

575. Le remboursement par le département de la guerre au département de la marine, des sommes avancées conformément aux articles qui précèdent, est effectué sur la production des revues de liquidation, des décomptes de libération de ces revues, et des pièces qui doivent en justifier la légitimité.

Fournitures en nature.

576. Les fournitures en nature qui sont faites aux détachemens embarqués depuis le jour de la revue d'embarquement, restent à la charge de la marine.

Militaires sans troupe.

577. Les militaires n'appartenant à aucun corps et qui sont destinés à être embarqués, sont payés, jusqu'au jour de leur embarquement, comme militaires sans troupe; mais il est établi pour eux une revue particulière comme formant une classe distincte.

Cette disposition ne reçoit son exécution qu'autant que les militaires à payer ne sont pas organisés en dépôt; auquel cas, on suit les dispositions relatives aux dépôts généraux composés d'hommes appartenant à plusieurs corps.

TITRE III.

DES DÉCOMPTES DE LIBÉRATION.

CHAPITRE Ier.

De la réunion des pièces.

SECTION Ire.

Déclarations de quittance.

Remise de ces pièces par les payeurs aux sous-intendans.

578. Dans les dix premiers jours de chaque trimestre, le payeur de chaque département établit, dans la forme du modèle n° 48, un bordereau général des paiemens effectués dans le cours du trimestre précédent, soit par lui, soit par ses préposés, et portant sur les fonds du chapitre II du budget du Ministère de la guerre. Il comprend aussi sur ce bordereau les paiemens qui, devant être appliqués à des droits acquis pendant le trimestre expiré, n'ont été opérés que dans les dix premiers jours du trimestre courant.

579. Si, après le 10, date fixée pour la remise du bordereau, le payeur opère encore quelques paiemens pour droits acquis pendant le trimestre expiré, il établit un bordereau supplémentaire pour ces paiemens.

580. Les déclarations de quittance sont inscrites aux bordereaux, dans l'ordre des différentes armes et par corps; elles sont en outre rangées suivant leurs dates et la série de leurs numéros.

581. Le payeur adresse au sous-intendant militaire du département les bordereaux avec les déclarations de quittance qui y sont inscrites. Ce dernier lui accuse la réception du tout après les vérifications de droit.

Emploi des déclarations de quittance par les sous-intendans.

582. Le sous-intendant garde par devers lui les déclarations de quittance souscrites au titre des corps qui sont sous son inspection, pour les imputer dans leurs décomptes de libération.

Quant aux déclarations de quittance appartenant à des corps dont les décomptes doivent s'établir dans un autre arrondissement, le sous-intendant les réunit sous une fiche par corps, indiquant, par extrait du bordereau général, le numéro et le montant de chaque pièce. Il adresse ensuite cette fiche, avec les déclarations de quittance qui s'y rattachent, au sous-intendant ayant la police du corps auquel ces pièces sont imputables.

583. Chaque sous-intendant dépositaire des bordereaux y annote

marginalement l'emploi qu'il a fait des déclarations de quittance qui y sont inscrites, soit en les imputant lui-même, soit en les transmettant à d'autres sous-intendans.

SECTION II.

Des Bordereaux de totalisation des Fournitures en nature.

Destination à leur donner par les sous-intendans.

584. Les fournitures en nature devant être totalisées pour chaque trimestre aux époques et suivant les formes prescrites par l'ordonnance sur les subsistances militaires, le sous-intendant garde par devers lui une des deux expéditions de chaque bordereau de totalisation avec les pièces à l'appui; il donne ensuite à ces bordereaux la destination prescrite par l'article 582 pour les déclarations de quittance.

585. Si, dans les cas prévus par la présente ordonnance, des officiers sans troupe ou des employés militaires, passant d'une armée à une autre, ont eu droit à des distributions de vivres de campagne ou de fourrages, les bons de totalisation qui les concernent sont envoyés à l'intendant ou au sous-intendant qui doit établir leurs revues.

586. Les bordereaux de totalisation des fournitures faites, dans l'arrondissement d'un corps d'armée ou d'un rassemblement sur le pied de guerre, à des officiers sans troupe ou à des employés militaires, sont également envoyés aux intendans chargés d'établir les revues de ces officiers ou employés.

SECTION III.

Mode d'envoi de Pièces d'un Sous-Intendant à un autre.

Chargement des paquets.

587. Les déclarations de quittance et bordereaux de totalisation que les sous-intendans militaires ont à s'envoyer mutuellement, en exécution des articles 582, 584, 585 et 586, doivent être renfermés en un paquet sous bandes et chargé à la poste.

Accusés de réception.

588. Les intendans ou sous-intendans auxquels les pièces sont adressées, sont tenus, sous leur responsabilité personnelle, d'en accuser la réception le jour même où elles leur parviennent. L'avis de la réception doit être aussi chargé à la poste.

Si, cinq jours après le délai convenable pour la réception de cet avis, il n'est point encore parvenu au sous-intendant expéditeur, celui-ci est également tenu d'en rendre compte immédiatement à l'intendant militaire de la division, lequel en réfère, s'il y a lieu, au Ministre secrétaire d'état de la guerre.

CHAPITRE II.

De la Formation des Décomptes.

SECTION Ire.

Règles pour leur établissement.

Comment et par qui établis.

589. Toutes les dépenses, soit en deniers, soit en matières, autorisées par la présente ordonnance, à l'exception seulement de la solde, des accessoires de solde des officiers sans troupe et des employés militaires, et des frais de gîte et geolage, donnent lieu à des décomptes définitifs qui ont pour objet d'opérer la libération du ministère de la guerre envers les parties prenantes, et des parties prenantes envers le ministère de la guerre. Il y est procédé de la manière indiquée à l'article suivant.

590. Aussitôt qu'un sous-intendant a établi la revue de liquidation d'un corps de troupe, ou d'un établissement considéré comme corps de troupe, et qu'il a réuni toutes les déclarations de quittance et bordereaux de totalisation constatant les sommes et les fournitures à imputer sur cette revue, il prescrit la convocation du conseil d'administration, à l'effet de procéder contradictoirement au décompte de libération.

Imputations pour effets de petit équipement.

591. Les avances pour effets de petit équipement sont considérées comme sommes perçues par le corps, et sont en conséquence imputées dans ses décomptes de libération, indépendamment de la déduction qui en a été faite sur les états de paiement, conformément à l'article 426. On déduit néanmoins du montant de cette imputation les sommes que le corps a été autorisé à rejeter, conformément à l'article 427.

Imputation pour trop perçu sur les prestations en nature.

592. S'il résulte du décompte des prestations en nature, que le corps ait consommé un plus grand nombre de rations que celui qui lui est alloué par la revue, le montant de ce trop perçu est porté au débit du corps.

593. Le décompte en deniers des trop perçus sur les prestations en nature est fait d'après un tarif établi par le Ministre secrétaire d'état de la guerre, et envoyé aux intendans et sous-intendans militaires.

Arrêté des décomptes.

594. Le sous-intendant militaire arrête, conjointement avec le conseil d'administration, le décompte de libération sur les trois

expéditions de la revue. Il appose son cachet d'annulation sur les bordereaux de totalisation et les déclarations de quittance.

Corps partant avant l'établissement de son décompte.

595. Lorsque le cas prévu par l'article 567 se présente après l'établissement de la revue de liquidation, mais, avant que le décompte de libération soit formé, la revue, les déclarations de quittance, bordereaux de totalisation, et généralement toutes les pièces devant servir à la confection du décompte, sont adressées par le sous-intendant militaire du lieu du départ au sous-intendant du lieu de la destination, lequel demeure chargé de la formation du décompte de libération.

SECTION II.

De la Destination des Revues décomptées.

Répartition des trois expéditions.

596. La première expédition de la revue décomptée est remise au conseil d'administration du corps qu'elle concerne.

La deuxième est envoyée de suite à l'intendant divisionnaire. L'envoi doit être fait au plus tard dans les dix premiers jours du deuxième mois qui suit le trimestre expiré, à moins d'empêchement légitime, dont le sous-intendant est tenu de rendre compte sur-le-champ.

La troisième expédition, servant de minute, reste entre les mains du sous-intendant, avec les doubles expéditions des feuilles de journées et les bons de distribution.

Pièces à y joindre.

597. La revue adressée à l'intendant divisionnaire doit être accompagnée des feuilles de journées, des feuilles de rectification, des états des logemens assignés aux officiers dans les bâtimens militaires, des états des sous-officiers promus officiers, de ceux des officiers ayant droit à la gratification d'entrée en campagne et aux indemnités de perte; des états des hommes rengagés auxquels on a alloué la portion de haute-paie acquittable à l'avance, et de ceux ayant droit à la première mise de petit équipement ou à l'habillement de condamnés; des états des enfans de troupe admis; des ordres du Ministre; des feuilles de route, des congés, des ordres de mission, des billets de sortie d'hôpitaux, des déclarations de quittance, des feuilles de retenue pour avances d'effets de petit équipement, des bordereaux de totalisation, et généralement de toutes les pièces qui ont dû être communiquées aux sous-intendans, à l'exception des brevets, lettres de service et bons de distribution.

CHAPITRE III.

De la Consommation des Décomptes.

SECTION Ire.

Corps de troupe.

Moins perçus.

598. Si le décompte de libération d'une revue, soit de l'exercice courant, soit d'un exercice expiré, présente pour résultat un moins perçu, le montant en est porté en augmentation sur le premier état de paiement de la solde courante, et le corps en est crédité sur le décompte de libération de la revue correspondante à cet état de paiement.

Trop perçus.

599. Lorsque le décompte de libération présente un trop perçu, la somme à retenir est portée en déduction sur le premier état de paiement de la solde courante, et le corps est débité de la même somme sur le décompte de libération de la revue correspondante à cet état de paiement.

Décomptes portant sur un exercice expiré.

600. Si les augmentations ou déductions à faire en vertu des deux articles précédens portent sur un exercice expiré, il en est fait mention par une note détaillée mise au bas du décompte sur lequel le corps se trouve crédité ou débité de leur montant.

SECTION II.

Des Fournitures en nature faites aux Officiers sans troupe.

Mode d'établissement des décomptes.

601. Les décomptes de libération pour les fournitures de vivres et fourrages faites aux officiers sans troupe et aux employés militaires, sont établis d'office par les intendans ou sous-intendans qui ont dressé les revues de liquidation.

Ces décomptes sont établis au plus tard dans les cinq derniers jours du mois qui suit le trimestre expiré, à moins d'empêchement légitime, dont il doit être rendu compte de suite à l'intendant, ou au Ministre, si c'est l'intendant qui doit régler le décompte.

602. Les décomptes de libération sont portés sur les revues; les bordereaux de totalisation sont frappés du cachet d'annulation de l'intendant ou du sous-intendant, et restent dans ses archives à l'appui des décomptes. Les bons partiels peuvent être détruits.

Cas de trop perçu.

603. S'il existe un trop perçu, la somme à laquelle il est évalué

est portée en déduction sur le premier état de paiement et sur les premières revues.

La conversion en deniers des rations perçues en trop s'opère ainsi qu'il est prescrit par l'art. 593.

604. Si la partie prenante qui doit supporter la retenue a passé sous l'inspection d'un autre intendant ou sous-intendant, celui qui a réglé le décompte est tenu, sous sa responsabilité personnelle, d'en prévenir ledit intendant ou sous-intendant, et de lui adresser en même temps une feuille de retenue.

CHAPITRE IV.

Des Cas où les Paiemens auraient été suspendus (1).

Mode d'établissement des décomptes.

605. Lorsque le paiement de la solde a été suspendu, cette circonstance ne doit point faire retarder la formation des décomptes de libération, en ce qui concerne les fournitures en nature ; mais on ne procède aux décomptes des dépenses en deniers que lorsque tous les états de paiement, tant pour les officiers et sous-officiers et soldats présens, que pour les masses d'entretien, ont été acquittés, sauf ce qui peut rester dû aux hommes qui n'ont pas été présens aux époques des paiemens. Il y est procédé de la manière indiquée à l'article suivant.

606. Le conseil d'administration fait établir, dans la forme du modèle n° 49, des états détaillés des sommes dues aux officiers, sous-officiers et soldats qui, compris dans les revues du corps, ne se trouveraient pas présens; le montant de cet état est déduit du crédit du corps constaté par la revue.

On procède ensuite, tant pour les imputations que pour les trop et moins perçus, comme il a été dit aux art. 590, 598, 599 et 600, sauf l'exception portée en l'article suivant.

Paiement des moins perçus.

607. S'il existe un moins perçu sur la solde et les accessoires de solde, il ne peut être payé que sur un crédit spécial, et qu'autant qu'il y a eu erreur au préjudice des officiers, sous-officiers et soldats compris sur les états nominatifs qui ont servi de base aux états de paiement. Dans ce cas, il est fait un état special de paiement qui ne doit, par conséquent, être imputé sur aucun décompte, mais dont il est fait mention à la suite du décompte de libération de la revue.

Le moins perçu sur les masses d'entretien doit être acquitté intégralement au corps.

---

(1) *Voir* à la quatrième partie, titre VI, articles 915 et suivans.

TITRE IV.

DE LA VÉRIFICATION DES REVUES.

CHAPITRE Ier.

Vérification par les Intendans militaires.

Mode de vérification.

608. Aussitôt que l'intendant divisionnaire a reçu les revues de liquidation établies par les sous-intendans militaires employés dans sa division, il procède à leur vérification.

Pour faciliter cette vérification, l'intendant doit se reporter au registre indiqué en l'art. 457.

Feuilles de vérification et de rectification.

609. Les résultats de la vérification des revues faites par les sous-intendans sont constatés par des feuilles de vérification conformes au modèle n° 50.

Les feuilles concernant les revues des corps sont adressées aux sous-intendans qui en ont l'inspection, et communiquées par eux aux conseils d'administration pour avoir leurs observations.

Les feuilles relatives aux revues des officiers sans troupe et des employés militaires sont envoyées aux sous-intendans qui ont établi ces revues.

Si, d'après la réponse du sous-intendant, l'intendant juge qu'il y a lieu à rectification, il dresse à cet effet une feuille conforme au modèle n° 51. Cette feuille est transcrite sur l'expédition de la revue qu'elle concerne, et envoyée au sous-intendant, qui la transcrit aussi sur la minute de la même revue, et en prescrit la transcription sur l'expédition remise au conseil d'administration.

Envoi des revues au Ministre.

610. L'intendant adresse les revues au Ministre secrétaire d'état de la guerre, aussitôt après en avoir terminé la vérification. L'envoi doit en être fait au plus tard dans le troisième mois qui suit chaque trimestre, tant pour ce qui concerne les officiers sans troupe et les employés des administrations militaires, que pour les corps de troupe, à moins d'empêchement légitime, dont l'intendant rend compte de suite au Ministre secrétaire d'état de la guerre.

Les revues des corps sont accompagnées, 1° des feuilles de journées; 2° des états des logemens assignés aux officiers dans les bâtimens militaires; 3° de ceux relatifs aux sommes dues, soit pour la gratification de la première mise d'équipement aux sous-officiers promus officiers, soit pour gratification d'entrée en campagne ou pour indemnités de pertes de chevaux et effets, soit pour première mise de petit équipement et pour habillement des condamnés; 4° de l'état des hommes rengagés auxquels on a alloué la portion de haute-paie acquittable à l'avance; 5° de l'état des enfans de troupe admis à la solde; 6° des feuilles de rectification; 7° enfin des copies des ordres de retenue et autres qui ont été donnés par le Ministre.

On joint aux revues des officiers sans troupe les états de logement, les certificats de pertes de chevaux et effets, lorsqu'il y a lieu, les feuilles de rectification, et les copies des ordres de retenue ou autres donnés par le Ministre.

Les autres pièces justificatives sont renvoyées aux sous-intendans, qui remettent aux conseils d'administration celles destinées à appuyer les inscriptions faites au registre-matricule (1), ainsi que les feuilles de retenues pour avances d'effets de petit équipement, les déclarations de quittance, les bons de distribution et les bordereaux de totalisation.

CHAPITRE II.

De la Vérification au Ministère de la guerre.

Revues établies par les intendans.

611. Les revues de liquidation des officiers sans troupe et des employés militaires, établies par les intendans, conformément à l'article 501, sont vérifiées dans les bureaux du Ministre secrétaire d'état de la guerre.

Idem par les sous-intendans.

612. Les revues d'officiers sans troupe ou des corps de troupe, vérifiées par les intendans militaires, sont contre-vérifiées dans les bureaux du Ministre secrétaire d'état de la guerre, toutes les fois qu'il le juge convenable.

Rectifications.

613. Le Ministre prescrit les mesures nécessaires pour la rectification des erreurs reconnues dans les revues par suite de la vérification ou de la contre-vérification.

(1) *Voir* l'article 758.

CHAPITRE III.

Des Augmentations et Diminutions par suite d'erreurs.

SECTION Ire.

Officiers sans troupe.

Augmentations.

614. Les sommes dues, soit sur l'exercice courant, soit sur un exercice expiré, à des officiers sans troupe ou employés militaires, par suite de la vérification des revues, sont portées en augmentation sur les premiers états de paiement individuels et sur les revues du trimestre correspondant à ces états.

Diminutions.

615. Les sommes dont les officiers sans troupe ou les employés militaires peuvent se trouver débiteurs, par suite de la vérification des revues de liquidation, ou de la balance de leurs décomptes de libération de fournitures en nature, sont portées en déduction sur les premiers états individuels de paiement, et sur les revues correspondantes à ces mêmes états, quel que soit l'exercice sur lequel les retenues doivent porter.

Ces retenues s'opèrent dans la proportion fixée par l'article 445.

SECTION II.

Corps de troupe.

Augmentations résultant de la vérification des revues.

616. Les augmentations à opérer par suite des erreurs constatées par la vérification des revues de liquidation des corps de troupe ou des établissemens considérés comme tels, s'effectuent sur les premiers états de paiement de la solde courante, et sur les revues correspondantes à ces mêmes états.

Diminutions provenant de la même cause.

617. Si un corps doit subir une retenue d'après la vérification de ses revues, le montant en est porté en déduction sur le premier état de paiement de la solde courante, et sur la revue du trimestre correspondant à cet état de paiement.

Augmentations et diminutions pour erreurs dans les décomptes.

618. Lorsqu'une erreur a été reconnue dans un décompte de libération, l'augmentation ou la déduction à opérer est portée sur le premier état de paiement de la solde courante, et le mon-

tant en est ajouté au crédit ou au débit du corps, sur le décompte de libération dans lequel ce même état de paiement doit être imputé.

Annotations à porter avec les augmentations ou les diminutions.

619. Dans les cas prévus par les articles précédens, on doit toujours indiquer la revue ou le décompte où l'erreur a été commise, et la feuille de rectification en vertu de laquelle les augmentations ou les déductions sont effectuées.

Cette feuille reste annexée à la revue sur laquelle la rectification est faite; et si ladite rectification concerne un exercice expiré, on doit le faire connaître par une note détaillée.

Corps partant avant la consommation de son décompte.

620. Lorsque le dépôt d'un corps ou le personnel d'un établissement considéré comme tel, passe d'une division dans une autre, après l'établissement de la revue de liquidation et du décompte de libération du trimestre expiré, mais avant que la revue ait pu être vérifiée, l'intendant de la division où la revue a été dressée en fait la vérification, comme s'il n'y avait pas eu de changement de destination. S'il ne résulte de cette vérification aucun point à éclaircir ou à rectifier, il envoie la revue au Ministre secrétaire d'état de la guerre. Si, au contraire, quelques erreurs sont signalées, il établit la feuille de vérification et la transmet, avec la revue et toutes les pièces, à l'intendant de la division dans laquelle le corps a passé; et cet intendant reçoit les observations et réponses du conseil d'administration, et établit la feuille de rectification, s'il y a lieu.

TITRE V.

DISPOSITIONS PARTICULIÈRES.

Tournées des intendans militaires.

621. Les intendans sont tenus de faire par an une tournée qui doit être terminée avant l'époque où les inspecteurs généraux d'armes commencent la leur.

Cette tournée a pour objet d'arrêter la comptabilité de l'exercice expiré, et d'examiner dans toutes leurs parties les opérations des sous-intendans.

Ils rendent compte du résultat de leurs tournées au Ministre secrétaire d'état de la guerre, et ils sont personnellement responsables des abus qu'ils tolèrent.

Responsabilité pécuniaire des membres du corps de l'intendance.

622. Les intendans et sous-intendans militaires sont, selon le cas et toujours d'après une décision spéciale du Ministre de la guerre,

pécuniairement responsables de tout paiement et de toute fourniture qu'ils auraient autorisés contrairement aux lois, ordonnances et règlemens, sauf leur recours contre les parties prenantes.

Toutefois, ce recours ne peut être exercé que sur les officiers; quant aux sous-officiers et soldats, il ne doit avoir lieu que dans le seul cas où les sommes indûment perçues auraient été intégralement versées à leur masse de linge et chaussure.

Registres des revues.

623. Les intendans et sous-intendans militaires tiennent un registre, suivant le modèle n° 52, de toutes les revues de liquidation qu'ils ont établies.

624. Les intendans militaires tiennent un registre dans la forme du modèle n° 53, pour servir à inscrire les revues qu'ils ont reçues, celles qu'ils ont vérifiées, les résultats de ces vérifications, les augmentations ou déductions portées dans les feuilles de rectification, et l'exécution de ces augmentations ou déductions.

Registres des procès verbaux.

625. Les intendans et sous-intendans tiennent un répertoire sur lequel ils enregistrent tous les procès verbaux qu'ils dressent pour quelque cause que ce soit. Ce répertoire, conforme au modèle n° 54, est tenu constamment à jour, sans surcharge ni interligne.

Franchise des envois sous bandes.

626. Les envois que doivent faire par la poste les intendans et sous-intendans militaires, ainsi que les officiers et fonctionnaires civils ayant droit de franchise, s'effectuent sous bandes croisées, et la suscription de chaque envoi est contre-signée par le fonctionnaire qui l'expédie; au moyen de quoi les lettres et paquets sont rendus à destination franc de port.

Réclamations particulières; à qui adressées.

627. Les officiers sans troupe et les employés militaires qui ont des réclamations à former pour solde et accessoires de solde, sont tenus de s'adresser à l'intendant ou au sous-intendant de l'arrondissement ou du corps d'armée dans lequel ils sont employés.

Les militaires appartenant à un corps, qui ont des répétitions à faire, soit contre leur corps, soit contre le trésor, pour quelque motif que ce soit, sont pareillement tenus de s'adresser, par l'intermédiaire du conseil d'administration, au sous-intendant militaire ayant la police de ce corps.

628. Tout sous-intendant qui a reçu une des réclamations ci-dessus spécifiées, est tenu, si elle est fondée, d'y satisfaire sur-le-champ. Si la réclamation n'est pas susceptible d'être admise, il doit en prévenir par écrit le réclamant, en motivant son refus.

Si le réclamant se croit fondé à appeler de la décision du sous-intendant, il se pourvoit devant l'intendant militaire, auquel il adresse en original la réponse du sous-intendant.

L'intendant statue définitivement, et lui fait pareillement connaître sa décision par écrit.

S'il s'agit d'un cas extraordinaire non prévu par les règlemens, l'intendant militaire en réfère au Ministre secrétaire d'état de la guerre.

629. Les réclamans peuvent appeler au Ministre secrétaire d'état de la guerre des décisions des intendans et sous-intendans militaires, ou des refus qu'ils en auraient éprouvés; mais, dans ce cas, ils doivent joindre à leurs demandes les réponses qu'ils ont reçues de ces fonctionnaires.

IVe PARTIE.

DE L'ADMINISTRATION INTÉRIEURE DES CORPS DE TROUPE.

TITRE Ier.

DU PERSONNEL DE L'ADMIMISTRATION INTÉRIEURE DES CORPS DE TROUPE.

CHAPITRE Ier.

Des Conseils d'administration.

Institution des conseils d'administration.

630. L'administration intérieure des corps est exercée par une réunion d'officiers constitués en conseil gérant, sous le nom de *conseil d'administration.*

631. On distingue deux sortes de conseil d'administration, le conseil principal et le conseil éventuel.

632. Le conseil principal est permanent; le conseil éventuel est temporaire et n'existe que dans le cas de séparation des parties d'un même corps.

633. On nomme *dépôt* celle des parties séparées où réside le conseil d'administration principal.

SECTION Ire.

De la Composition et de l'Installation des Conseils d'administration.

Composition des conseils d'administration.

634. La composition des conseils d'administration des corps de troupe de toutes armes est déterminée ainsi qu'il suit :

1° Pour les corps organisés à plusieurs bataillons ou escadrons,

Le colonel, président;
Le lieutenant colonel;
Un chef de bataillon ou d'escadron;
Deux capitaines :
en tout, cinq membres.

2° Pour les dépôts des mêmes corps, lorsqu'ils ne se trouvent pas dans le même département que la portion commandée par le colonel,

Le commandant du dépôt, président;
Un capitaine;
Le plus ancien des titulaires présens au dépôt :
en tout, trois membres.

3° Pour les corps à un seul bataillon ou à un seul escadron,

Le commandant du corps, président;
Deux capitaines :
en tout, trois membres.

4° Pour les dépôts des mêmes corps à un seul bataillon ou escadron, dans le cas de dislocation,

L'officier commandant le dépôt, président;
Les deux officiers les plus élevés en grade après le commandant :
en tout, trois membres.

635. Dans les corps où il existe des capitaines ou des lieutenans membres titulaires des conseils d'administration, il y a un pareil nombre de suppléans, pris dans les mêmes grades, ou, à défaut, parmi les officiers des grades immédiatement inférieurs.

636. Le conseil éventuel d'une portion de corps forte de plusieurs bataillons ou escadrons est composé ainsi qu'il suit :

Le colonel ou l'officier supérieur commandant, président;
Un chef de bataillon ou d'escadron;
Un capitaine :
en tout, trois membres.

637. Lorsque la portion de corps détachée n'est que d'un bataillon ou de deux escadrons, le conseil éventuel est composé ainsi qu'il suit :

L'officier commandant, président;

Deux capitaines :

en tout, trois membres.

638. Les compagnies formant corps de troupe, celles de gendarmerie exceptées, sont administrées par un conseil d'administration, composé comme il suit :

Dans les compagnies d'ouvriers d'artillerie et dans celles de canonniers sédentaires,

Le directeur d'artillerie, président;

Le commandant de la compagnie;

L'officier ayant rang après lui :

en tout, trois membres.

Dans la compagnie d'ouvriers et dans celle du train du génie,

L'officier supérieur chef de l'arsenal du génie, président;

Le commandant de la compagnie;

L'officier ayant rang après lui :

en tout, trois membres.

Dans la compagnie des ouvriers du train des équipages,

Le directeur ou l'officier commandant le parc de construction, président;

Le commandant de la compagnie;

L'officier ou le sous-officier ayant rang après lui :

en tout, trois membres.

Dans les compagnies de sous-officiers sédentaires et dans celles de fusiliers sédentaires,

Le capitaine commandant la compagnie;

Le capitaine en second;

Le lieutenant en premier :

en tout, trois membres.

639. Les conseils d'administration des détachemens au-dessous d'un bataillon ou d'un escadron sont composés de trois officiers pris parmi les plus élevés en grade, ou, à grade égal, parmi les plus anciens.

Quand le nombre d'officiers présens est moindre de trois, le commandant du détachement administre seul et est responsable de l'administration de sa troupe.

640. Dans chaque dépôt de prisonniers de guerre, le conseil d'administration se compose de trois militaires français, savoir :

Le commandant du dépôt;

Le lieutenant de roi de la place;

Le chef de la gendarmerie du lieu.

Le conseil est présidé par l'officier le plus élevé en grade.

641. Dans le cas de dislocation d'une compagnie formant corps de troupe, le commandant du dépôt exerce seul les attributions du conseil d'administration.

Mode d'élection des capitaines membres des conseils d'administration.

642. Dans les corps de toutes armes, les capitaines membres du conseil, ainsi que leurs suppléans, sont élus successivement et séparément, chaque année, au scrutin et à la majorité des suffrages, par tous les capitaines du corps, en présence de l'inspecteur général, qui soumet ce choix à l'approbation du Ministre de la guerre. Ils sont rééligibles.

Cette élection a lieu à l'époque des revues d'inspection pour l'année suivante.

Dans chaque escadron du train d'artillerie, et dans les corps n'ayant qu'un bataillon, les capitaines membres du conseil ou suppléans, et les lieutenans suppléans, sont élus de la même manière par tous les officiers de compagnie.

Ceux des capitaines élus à l'époque de l'inspection générale du corps, et qui font partie des bataillons ou escadrons détachés, sont de droit membres du conseil éventuel.

S'il ne reste au dépôt aucun des capitaines déjà élus ou titulaires ou suppléans à l'époque de l'inspection générale, il est procédé à un nouveau choix pour la formation du conseil principal, en présence du sous-intendant militaire, et d'après les règles ci-dessus prescrites.

Désignation primitive du chef de bataillon comme membre d'un conseil de première formation.

643. Pour les corps de nouvelle formation, le chef de bataillon à admettre, lorsqu'il y a lieu, dans la première formation du conseil, est désigné par l'officier général chargé de procéder à l'organisation du corps.

Ordre dans lequel sont suppléés les membres des conseils.

644. En cas d'absence, les membres des conseils sont suppléés de droit de la manière suivante; savoir :

1° Le colonel, par l'officier supérieur qui commande en son absence;

2° Le lieutenant colonel, par le plus ancien chef de bataillon;

3° Le chef de bataillon, par un officier du même grade, et subsidiairement par un capitaine;

4° Les capitaines, par ceux élus conformément aux dispositions de l'article 642, et subsidiairement par les plus anciens du même grade ou du grade inférieur.

645. Le trésorier remplit les fonctions de secrétaire du conseil, et a voix consultative seulement.

Dans les conseils d'administration des compagnies formant corps de troupe, ces fonctions sont remplies par le sergent major ou le maréchal des logis chef.

Installation des conseils d'administration.

646. L'installation des conseils d'administration est faite par le sous-intendant militaire ayant la police du corps ou de la portion de corps, et est constatée par un procès verbal que dresse ce fonctionnaire.

647. Dans les cas d'organisation, d'incorporation ou de dédoublement, l'installation du conseil est faite par l'officier général organisateur; le membre du corps de l'intendance qui est intervenu dans l'opération, dresse le procès verbal d'installation.

648. Les conseils d'administration sont renouvelés et installés le premier jour de chaque année. Le renouvellement a lieu à tour de rôle pour les chefs de bataillon ou d'escadron, et pour les capitaines, par voie d'élection, ainsi qu'il est dit ci-dessus.

649. Pour les portions de corps, l'installation des conseils éventuels date du jour de la séparation.

SECTION II.

Des Séances des Conseils d'administration.

Époques de la réunion des conseils.

650. Chaque conseil d'administration s'assemble au moins une fois par semaine; il se réunit extraordinairement toutes les fois que son président le juge nécessaire, ou que ce dernier en est requis par l'intendant ou le sous-intendant ayant la police administrative du corps ou de la portion de corps.

Lieux des séances.

651. Le conseil d'administration ne peut être convoqué que par le président.

Les séances se tiennent chez le président.

Rang des membres dans le conseil.

652. Les membres du conseil prennent rang entre eux, et se placent alternativement à la droite et à la gauche du président, suivant leur grade et leur rang d'ancienneté dans ce grade.

Le trésorier, en sa qualité de secrétaire du conseil, prend place en face du président.

Dans les cas prévus par les articles 654, 655, et 656, il est placé à la gauche des fonctionnaires de l'intendance.

Rang des membres de l'intendance dans le conseil.

653. Les membres de l'intendance militaire assistent, toutes les fois qu'ils le jugent nécessaire, aux séances des conseils d'administration des corps placés sous leur police; les sous-intendans sont tenus d'y assister une fois par mois.

654. L'intendant ou le sous-intendant qui assiste aux séances d'un conseil d'administration, y prend place en face du président.

655. Lorsqu'un intendant et un sous-intendant assistent ensemble à un conseil, le sous-intendant est placé à la droite de l'intendant.

656. Lorsqu'un sous-intendant militaire assiste aux séances d'un conseil d'administration où se trouve un inspecteur général d'armes, il prend place à la droite de cet officier général, et à sa gauche s'il y est concurremment avec un intendant, lequel prend séance à la droite de l'inspecteur général.

Dans le cas où l'inspecteur général est accompagné du maréchal de camp inspecteur, celui-ci prend place à sa droite.

SECTION III.

Des Attributions des Conseils d'administration.

Voix délibérative accordée à chaque membre du conseil.

657. Tous les membres des conseils d'administration, quels que soient leurs grades et leurs fonctions, ont voix délibérative.

Les demandes de fonds et de fournitures de toute espèce sont attribuées aux conseils.

658. Les conseils d'administration forment les demandes nécessaires pour obtenir le paiement ou la fourniture des prestations en deniers et en nature.

Marchés passés par les conseils.

659. Ils passent, sous l'approbation des membres du corps de l'intendance militaire, les marchés nécessaires,

1° Pour l'achat des effets principaux ou des matières destinées à la confection de ces effets, lorsque le Ministre ne les leur fait pas fournir directement;

2° Pour l'achat des effets accessoires d'habillement,

3° Pour les grandes réparations de l'habillement, du grand équipement et du harnachement non comprises dans les abonnemens;

4° Et enfin pour tout autre objet de dépense éventuelle.

Présence des membres du conseil ou de leurs délégués aux réceptions et distributions d'effets.

660. Ils assistent aux réceptions, distributions, expéditions ou versemens d'effets ou de matières qui ont lieu pour le compte des corps qu'ils administrent, ou s'y font représenter par un ou plusieurs de leurs membres.

Vérification de la gestion des comptables.

661. Ils vérifient les comptes du trésorier et de l'officier d'habillement.

Compte à rendre par le conseil.

662. Ils soumettent à la vérification et à l'arrêté des fonctionnaires de l'intendance militaire les résultats des comptes de leur gestion administrative; savoir : aux sous-intendans, à l'expiration de chaque trimestre; et aux intendans divisionnaires, à la fin de chaque exercice.

Le major est dépositaire des timbres et cachets.

663. Les timbres et cachets sont déposés chez le major, qui est chargé de les apposer sur les pièces, certificats et échantillons de matières ou modèles d'effets qui doivent en recevoir l'empreinte.

Fonctions de rapporteur remplies par le major.

664. Le major remplit au conseil les fonctions de rapporteur, excepté dans les affaires qui pourraient l'intéresser personnellement; auquel cas, le conseil charge un de ses membres de faire le rapport, et il en est fait mention au registre des délibérations.

SECTION IV.

Des Délibérations des Conseils d'administration.

Le conseil doit être complet pour délibérer.

665. Nul conseil ne peut entrer en délibération qu'autant qu'il est complet.

Initiative attribuée au président, dans les délibérations.

666. Le président dépose sur le bureau les dépêches qu'il a reçues concernant l'administration; il propose seul les affaires à mettre en délibération; le conseil délibère, séance tenante, sur celles qui exigent une prompte décision, et les pièces relatives aux autres affaires sont remises au major pour en faire son rapport à la plus prochaine séance.

Droit de proposition réservé à chaque membre du conseil.

667. Chaque membre du conseil a le droit de faire des propositions, et le président est tenu de les mettre en délibération.

Néanmoins, si le président juge la délibération du conseil contraire au bien du service, il peut l'ajourner; mais dans ce cas, il doit en référer de suite au sous-intendant chargé de la police du corps, qui prononce, s'il y a lieu, ou renvoie la question à l'intendant divisionnaire, pour être résolue par lui ou soumise au Ministre de la guerre.

Vote des membres du conseil.

668. Le conseil prononce à la majorité des voix, les moins élevés en grade, et dans chaque grade les moins anciens, opinent les premiers.

669. Lorsque, par l'effet de circonstances extraordinaires et imprévues, les membres du conseil d'administration sont obligés de se réunir en nombre pair, la voix du président, en cas de partage d'opinions, est prépondérante. Il est toujours fait mention expresse des causes de cette exception dans la délibération.

Protestations contre les décisions du conseil.

670. Les membres qui ont voté contre une décision, ont la faculté de consigner sur le registre des délibérations les motifs de leur opposition ; cette protestation doit avoir lieu séance tenante.

La faculté de voter est interdite aux membres intéressés dans la délibération.

671. Lorsque l'un des membres du conseil se trouve personnellement intéressé dans une délibération, il s'abstient de voter ; son suppléant est appelé au conseil pour y compléter le nombre des votes.

Procès verbal des séances.

672. Toutes les fois que le conseil se réunit, il est dressé procès verbal de la séance.

673. On indique au préambule de la délibération les noms des membres ou suppléans présens à chaque séance, ainsi que ceux des officiers qui ont assisté au conseil sans en faire partie.

Rédaction des délibérations.

674. Les délibérations sont rédigées par le secrétaire du conseil ; et lorsqu'elles ont été approuvées par le conseil, elles sont transcrites sur le registre à ce destiné, et signées dans la même séance par tous les membres qui y ont assisté.

Envoi d'une analyse des délibérations au sous-intendant.

675. Le président du conseil est tenu d'adresser dans les vingt-quatre heures, l'analyse, signée de lui, des délibérations de chaque séance, au sous-intendant militaire ayant la police du corps ou de la portion de corps.

Exécution des décisions du conseil.

676. Le président est chargé de faire exécuter les décisions du conseil.

Faculté accordée au président de suspendre l'exécution des décisions du conseil.

677. Dans aucun cas, le président ne peut, sans la partici-

pation du conseil, prendre des déterminations sur des objets concernant l'administration, ni donner des ordres directs aux officiers comptables. Il peut toutefois, s'il croit une délibération contraire aux intérêts du corps ou de l'état, en suspendre l'effet, ainsi qu'il est dit à l'art. 667.

678. Le sous-intendant approuve ou infirme la suspension; sa décision motivée est consignée en entier sur le registre des délibérations; et, suivant le cas, il en est référé à l'intendant de la division ou au Ministre de la guerre.

SECTION V.

De la Responsabilité des Membres des Conseils d'administration.

Responsabilité des membres du conseil.

679. Les membres des conseils d'administration sont personnellement et pécuniairement responsables de toutes les dépenses, fournitures et paiemens autorisés par eux en contravention aux règlemens et aux tarifs, et ce sauf leur recours contre les parties prenantes, s'il y a lieu. Ils sont pareillement responsables de toutes retenues illégales exercées sur la solde, s'ils les ont prescrites ou tolérées.

Cas de la solidarité des membres du conseil.

680. Les membres du conseil sont solidairement responsables de toutes sommes excédant les bornes des besoins courans, qu'ils auraient fait remettre au trésorier ou qu'ils auraient laissées entre ses mains, ainsi que de toutes avances de fonds faites à quelques individus que ce soit, officiers, fournisseurs ou autres.

Les fonds à remettre au trésorier pour le paiement de la solde, doivent toujours être restreints au montant approximatif de deux prêts.

Mode de réintégration des dépenses rejetées.

681. Les réintégrations à prescrire en vertu des dispositions des deux articles précédens, s'opèrent au moyen d'une répartition faite entre tous les membres du conseil d'administration, proportionnellement à la solde dont chacun d'eux jouissait lorsqu'il a pris part à l'acte qui motive la réintégration.

Le membre du conseil qui a protesté n'est pas responsable.

682. La protestation inscrite au registre des délibérations, séance tenante, ainsi qu'il est dit à l'article 670, peut seule affranchir le membre du conseil qui l'a faite, de toute responsabilité relative à l'objet de cette protestation.

CHAPITRE II.

Des Officiers comptables.

Désignation des officiers comptables.

683. Les officiers comptables dans les corps de troupe sont,
1° Le trésorier,
2° L'officier d'habillement.

684. Sont considérés comme comptables les officiers payeurs et autres officiers ou sous-officiers chargés de remplir les fonctions de comptable près les portions de corps et près les corps de troupe dont l'organisation ne comporte ni trésorier ni officier d'habillement.

SECTION Ire.

Du Trésorier.

Fonctions du trésorier.

685. Le trésorier reçoit des mains des payeurs, pour le compte du corps et sur états quittancés par les membres du conseil d'administration, tous les fonds alloués pour les besoins du service. Ces fonds sont immédiatement versés dans la caisse.

Chaque paiement est inscrit par le payeur sur un livret établi conformément aux dispositions des articles 315 et suivans. Ce livret reste entre les mains du trésorier ou de l'officier qui en remplit les fonctions.

Le trésorier fait, également sous l'autorisation du conseil, toutes les recettes qui ont lieu dans l'intérieur du corps, quelle qu'en soit l'origine, ainsi que celles provenant d'autres caisses.

Ces deux dernières espèces de recettes sont inscrites au livret par le major.

686. Le trésorier effectue tous les paiemens autorisés par le conseil d'administration, et il doit se refuser, sous sa responsabisabilité personnelle, à l'exécution de tout ordre de paiement qui n'émanerait pas du conseil.

Responsabilité du trésorier.

687. Le trésorier est responsable, envers le conseil, de tous les fonds qui lui sont confiés pour le service.

Écritures à tenir par le trésorier.

688. Il est chargé de tenir les écritures relatives à la situation de l'effectif du corps, à celle des finances et aux distributions de rations de toute espèce.

Il tient aussi les matricules; il est dépositaire et conservateur des archives du corps : en cette qualité, il expédie et soumet à la vérification du major tous les certificats et extraits dont il est parlé à l'article 706.

Remplacement du trésorier en cas d'absence.

689. En cas d'absence du trésorier, il est suppléé par un officier qui prend le titre d'officier payeur, et qui est choisi par le conseil d'administration, avec l'approbation du sous-intendant militaire.

La responsabilité de cet officier est de la même nature que celle du trésorier.

690. Le trésorier réside toujours au lieu où est le dépôt du corps.

Mode de nomination de l'officier payeur.

691. Lorsqu'une portion de corps quitte le dépôt, le conseil éventuel procède, avec l'approbation du sous-intendant militaire, au choix de l'officier destiné à remplir les fonctions d'officier payeur.

SECTION II.

De l'Officier d'habillement.

Nomination de l'officier d'habillement.

692. Il y a dans chaque corps de troupe un officier nommé dans les formes prescrites par les ordonnances du Roi, pour être chargé des détails de l'habillement.

Dans les compagnies s'administrant elles-mêmes, ces fonctions sont confiées à l'officier qui n'est pas membre du conseil d'administration.

Fonctions de l'officier d'habillement.

693. Les fonctions de l'officier d'habillement comprennent tout ce qui est relatif

A l'habillement,
Au grand équipement,
Au petit équipement,
Au harnachement,
A l'armement et aux munitions de guerre.

Il est responsable envers le conseil, de l'administration de tous les objets qui lui sont confiés.

Il réside toujours, comme le trésorier, au dépôt du corps.

Il est dépositaire du livret d'armement.

Officier adjoint à l'officier d'habillement.

694. Dans les corps de toutes armes, l'officier d'habillement a pour adjoint un officier d'un grade inférieur au sien, désigné par lui et agréé par le conseil d'administration. La commission, qui lui est

délivrée à cet effet, est soumise à l'approbation du sous-intendant militaire.

Officier chargé de l'habillement dans les portions de corps.

695. Dans toute portion de corps ayant un conseil éventuel, un officier, choisi par le conseil d'administration, et agréé par le sous-intendant, remplit les fonctions attribuées à l'officier d'habillement.

696. Dans les portions de corps qui n'ont point de conseil éventuel, l'officier ou le sous-officier désigné pour remplir les fonctions de trésorier est en outre chargé du maniement des matières.

CHAPITRE III.

Des Commandans de compagnie.

Attributions et responsabilité des commandans de compagnie.

697. Les capitaines ou commandans de compagnie étant chargés de l'administration intérieure de leur compagnie, sous l'autorité du conseil d'administration, sont responsables directement envers lui de l'emploi des sommes, des effets et des rations dont ils ont fourni récépissé.

698. Leur action et leur responsabilité s'étendent sur tous les détails relatifs à la solde, à la gestion de l'ordinaire, à la masse de linge et chaussure, aux subsistances, et à toutes les autres prestations en deniers et en nature qui peuvent être distribuées à la compagnie.

Ils sont pécuniairement responsables, sauf leur recours contre qui de droit, de la valeur des trop perçus, de quelque nature qu'ils soient; ils le sont aussi de toutes retenues illégales exercées sur la solde, s'ils les ont prescrites ou tolérées.

699. Pour tout ce qui a rapport à l'administration intérieure des compagnies, les commandans sont soumis à la surveillance immédiate du major.

CHAPITRE IV.

Du Major.

Attributions principales du major.

700. Le major tient les contrôles annuels dont il est parlé ci-après; il remplit les fonctions de rapporteur auprès du conseil d'administration dont il est l'agent, et a voix consultative.

Dans le cas où il est appelé à prendre le commandement du dépôt, il est remplacé, dans les fonctions de rapporteur seulement, par un officier d'un grade inférieur au sien.

Surveillance du major sur l'administration.

701. Il exerce une surveillance journalière sur tous les détails de

la gestion des comptables, sur l'administration intérieure des compagnies, sur les infirmeries, et spécialement sur la tenue de toutes les écritures et sur l'établissement des comptes de toute espèce.

702. Le major, toutes les fois qu'il le juge convenable, vérifie la situation de la caisse du trésorier, et se fait représenter les effets confectionnés et autres objets existant dans les magasins du corps, les registres et tous les titres justificatifs des recettes et des paiemens, soit des officiers comptables, soit des commandans de compagnie; en conséquence, il partage leur responsabilité envers le conseil d'administration.

703. Il est tenu de vérifier, dans les premiers jours de chaque mois, les registres des comptables, et présente les divers résultats de ses vérifications au conseil d'administration, qui les fait à l'instant consigner sur le registre des délibérations.

Intervention du major dans la réception des effets ou matières.

704. Il intervient de droit dans toutes les réceptions d'effets et de matières, dans les expéditions et vérifications ordonnées par le conseil, ainsi que dans les totalisations, auxquelles le conseil n'est pas tenu d'assister.

Compte des mutations rendu par le major.

705. A chaque séance, le major déclare au conseil l'absence de tous les hommes disparus ou prévenus de désertion, et portés comme tels sur les rapports journaliers des commandans de compagnie. Il fait connaître en outre les effets, de toute nature emportés ou laissés par ces militaires, ainsi que la situation de leur masse. Ces renseignemens sont consignés en entier au registre des délibérations.

Pièces signées par le major.

706. Le major délivre et signe au lieu et place du conseil (les états de service exceptés) tous les certificats extraits des registres et archives du corps: ces certificats doivent être revêtus du cachet du conseil.

Officier remplissant les fonctions de major dans les portions de corps.

707. Dans les portions de corps ayant un conseil éventuel, les fonctions de major sont remplies par un capitaine désigné à cet effet par le conseil d'administration.

Lorsqu'il n'y a point de conseil éventuel, ces fonctions sont comprises dans les attributions administratives des officiers commandans.

TITRE II.

DE LA CAISSE ET DES REGISTRES DE COMPTABILITÉ A TENIR DANS LES CORPS DE TROUPE.

CHAPITRE Ier.

De la Caisse.

Dépôt de la caisse chez le commandant du corps.

708. Toutes les sommes appartenant à un corps de troupe, tant en deniers qu'en effets actifs, sont renfermées dans une caisse à trois serrures, qui doit être déposée chez le commandant du corps, et, en son absence, chez l'officier qui le remplace.

Répartition des clefs de la caisse.

709. Des trois clefs de la caisse, l'une reste entre les mains du commandant; l'autre est confiée au membre du conseil le plus élevé en grade après le président, et, à parité de grade, au plus ancien; et la dernière est remise au trésorier.

710. Dans les portions de corps ayant un conseil éventuel d'administration, les clefs de la caisse sont réparties de la même manière que dans l'article précédent. Celle destinée au trésorier passe alors dans les mains de l'officier qui en remplit les fonctions.

711. Dans les compagnies formant corps de troupe, une des trois clefs est remise au sous-officier remplissant les fonctions de trésorier; les deux autres reçoivent la destination indiquée ci-dessus.

Solidarité des dépositaires des clefs de la caisse.

712. Les dépositaires des trois clefs sont solidairement responsables des fonds et valeurs renfermés dans la caisse, d'où rien ne doit sortir sans une délibération expresse du conseil d'administration.

Responsabilité particulière du dépositaire de la caisse.

713. L'officier chez lequel la caisse du corps est déposée, doit prendre toutes les mesures de sûreté nécessaires pour la garde et la conservation de ladite caisse; il est personnellement et seul responsable de tout événement résultant d'un défaut de prévoyance à cet égard.

CHAPITRE II.

Des Registres de Comptabilité.

Nomenclature des registres.

714. Il est tenu dans chaque corps de troupe composé d'un ou de plusieurs bataillons ou escadrons, savoir :

Conseil d'administration...	Un registre des délibérations (*modèle n°* 55) ; Un registre de caisse (*modèle n°* 56) ;
Trésorier....................	Un registre-journal des recettes et dépenses (*modèle n°* 57) ; Un registre central (*modèle n°* 57 *bis*) ; Un registre de l'effectif (*modèle n°* 58) ; Un registre de la masse de linge et chaussure (*modèle n°* 59) ;
Officier d'habillement......	Les divers registres prescrits par l'ordonnance sur le service de l'habillement.
Commandans de compagnie.	Un livre de compagnie (*modèle n°* 60) ; Un livret pour chaque homme de troupe (*modèle n°* 61) ; Un livret pour chaque ordinaire (*modèle n°* 62) ;

Ces divers registres, ainsi que ceux prescrits par le présent chapitre, sont cotés et paraphés par le sous-intendant militaire.

715. Il est tenu en outre, dans chaque escadron des corps de troupe à cheval, un deuxième livre de compagnie (*modèle* n° 63), spécialement destiné aux chevaux et effets de harnachement.

716. Tous les registres dont la nomenclature précède, sont tenus dans chaque portion de corps ayant un conseil d'administration éventuel.

717. Dans les compagnies formant corps de troupe, le livre de compagnie tient lieu des registres de l'effectif et de la masse de linge et chaussure.

718. Dans les portions de corps n'ayant pas de conseil d'administration éventuel, il est tenu, indépendamment du livre de compagnie,

1° Un registre-journal des recettes et dépenses (*modèle* n° 57, *réduit aux cinq premières colonnes*) ;

2° Un registre de l'effectif ;

3° Les registres prescrits par l'ordonnance sur le service de l'habillement.

719. Lorsqu'une portion de corps n'est composée que d'une seule compagnie, ou d'hommes appartenant à une même compagnie, il est tenu un registre des recettes et dépenses par l'officier remplissant les fonctions de trésorier, et le livre de compagnie supplée aux autres registres.

720. Dans les dépôts de prisonniers de guerre, il est tenu :
Un registre de délibération;
Un registre-journal des recettes et dépenses;
Un registre de l'effectif.

Vérification périodique des registres.

721. Tous les registres servant à la comptabilité générale du corps sont vérifiés chaque mois et arrêtés à la fin du trimestre par le conseil d'administration. Le sous-intendant militaire ayant la police du corps les arrête provisoirement à l'expiration de chaque trimestre, ainsi qu'il est dit ci-après, article 872. Ils sont pareillement arrêtés tous les ans par l'intendant divisionnaire, et définitivement par l'inspecteur général d'armes.

CHAPITRE III.

De l'Objet et de la Tenue des Registres de comptabilité.

SECTION Ire.

Du Registre des Délibérations.

Objet du registre des délibérations.

722. Le registre des délibérations est destiné à recevoir, séance par séance, sans intervalle ni lacune, la mention exacte de toutes les mesures et opérations quelconques discutées et arrêtées par le conseil, ainsi que la transcription des arrêtés périodiques des divers registres de comptabilité, de manière à réunir tous les résultats de la comptabilité générale du corps.

Visa du registre des délibérations par les membres de l'intendance.

723. Toutes les fois qu'un intendant ou un sous-intendant assiste à une séance du conseil, il consigne sur le registre des délibérations les observations auxquelles la tenue de ce registre peut donner lieu; s'il n'a pas d'observations à faire, il se borne à apposer un *visa ne varietur.*

Procès verbaux d'organisation, d'incorporation, etc., inscrits aux registres des délibérations.

724. Les membres de l'intendance font transcrire sur ce registre les procès verbaux dressés par eux dans les cas d'organisation d'incorporation, de dédoublement et de licenciement.

SECTION II.

Du Registre de Caisse.

Objet du registre de caisse.

725. Le registre de caisse sert à l'enregistrement, date par date, et en toutes lettres, de toutes les recettes en deniers, quelle qu'en soit l'origine, ainsi que de toutes les remises de fonds faites au trésorier pour les dépenses autorisées.

Ces dépenses y sont inscrites à mesure que le trésorier justifie l'emploi des fonds mis à sa disposition.

Vérification et dépôt du registre de caisse.

726. Ce registre est vérifié et arrêté par le conseil, aussi souvent qu'il le juge convenable. Il est toujours renfermé dans la caisse déposée chez le commandant du corps, et n'en doit sortir que pour les enregistremens et vérifications à y faire.

Envoi périodique à faire par les portions de corps au conseil principal d'une copie du registre des recettes et dépenses.

727. Le conseil éventuel, ou, à son défaut, l'officier commandant une portion de corps, doit adresser au conseil d'administration principal, dans les quinze premiers jours de chaque trimestre, pour le trimestre expiré, copie du registre de recettes et dépenses de cette portion de corps.

Cette copie est soumise à la vérification et au *visa* du sous-intendant militaire, qui la certifie conforme aux pièces justificatives.

728. Lorsque les envois à faire en vertu de l'article précédent concernent le quatrième trimestre d'un exercice, on doit y joindre une copie du livret de paiement certifiée par le conseil et visée par le sous-intendant.

SECTION III.

Du Registre journal du Trésorier.

Inscription des recettes et dépenses journalières.

729. Le trésorier porte sur ce registre, jour par jour, toutes les sommes qui lui sont remises par le conseil d'administration, et les dépenses qu'il fait, de quelque nature qu'elles puissent être.

730. Les recettes inscrites sur ce registre, sont justifiées par les articles correspondans du registre de caisse; et les dépenses, par toutes les pièces et acquits relatifs à la solde et aux différentes masses,

Section IV.

Du Registre central.

Objet du registre central.

731. Le registre central est destiné à recevoir l'inscription des recettes et dépenses des différentes portions du corps ayant une administration séparée.

En conséquence, à la réception de la copie du registre des recettes et dépenses, dont l'envoi est prescrit par l'article 727, le conseil principal fait transcrire sommairement sur le regisre central les résultats qu'elle présente.

Section V.

Du Registre de l'Effectif.

Objet et destination du registre de l'effectif.

732. Le registre de l'effectif est divisé en deux parties.

Dans la première, on inscrit, 1° jour par jour, la situation numérique du corps en hommes, chevaux et voitures; 2° aux dates des distributions de subsistances et de chauffage en nature, les quantités de rations perçues des magasins militaires.

La deuxième partie se compose d'états nominatifs des hommes de troupe qui sont dans une position quelconque d'absence, sans cesser de faire partie de l'effectif. Ces états, distincts par nature d'absence, servent à contrôler les situations journalières contenues dans la première partie, en ce qui concerne les absens.

Section VI.

Du Registre de la Masse de linge et chaussure.

733. Le registre de la masse de linge et chaussure est divisé en deux parties.

Objet et destination du registre de cette masse.

La première est destinée, 1° à recevoir la récapitulation des feuilles de situations individuelles qui sont dressées trimestriellement par compagnie, et à faire connaître les sommes payées en acquittement des excédans des fonds de masses; 2° à présenter à la suite de cette récapitulation, l'*avoir* définitif de la masse et le *représenté* de cet avoir à la date du dernier jour de chaque trimestre.

La deuxième partie de ce registre est destinée à présenter la situation des marchés passés pour achats d'effets de linge et chaussure.

Section VII.

Des Livres de compagnie, des Livrets des hommes et des Livrets d'ordinaire.

Tenue du livre de compagnie.

734. Tout commandant de compagnie ou d'escadron formant compagnie tient le livre de compagnie prescrit par l'article 714.

Objet de ce livre.

735. Ce livre, qui répète pour chaque compagnie les inscriptions faites aux matricules des officiers et des hommes de troupe, ainsi qu'aux contrôles annuels, sert à l'inscription et à la justification des distributions et consommations tant en deniers qu'en matières; il présente en outre, dans tous leurs détails, le compte individuel de la masse de linge et chaussure de chaque sous-officier et soldat, et la situation des effets principaux dont chaque homme est pourvu.

736. En conséquence de l'article qui précède, le livre de compagnie est disposé de manière à présenter pour l'année:

1° Les renseignemens généraux sur les mouvemens de la compagnie;

2° La situation journalière de l'effectif;

3° Le contrôle des officiers;

4° Les signalemens et les mutations des hommes de troupe, l'enregistrement des effets principaux dont ils sont pourvus, avec leurs marques d'échéance de durée; et le compte ouvert de chacun à la masse de linge et chaussure;

5° Les situations des masses individuelles de linge et chaussure au commencement de chaque trimestre;

6° L'enregistrement des effets de linge et chaussure et des effets accessoires fournis à la compagnie au compte de la masse des hommes, et le relevé de la valeur desdits effets par trimestre;

7° L'enregistrement et la répartition des sommes perçues pour le prêt, et le relevé par trimestre des produits de toute espèce affectés aux dépenses des ordinaires;

8° L'enregistrement des rations de toute nature distribuées à la compagnie;

9° Le règlement trimestriel des prestations en deniers et en nature;

10° L'état nominatif des hommes de troupe travailleurs, de ceux employés comme garnisaires, de ceux en permission, et de ceux punis de la prison ou de la salle de police du corps, avec le relevé des journées qu'ils ont passées dans ces diverses positions;

11° La situation trimestrielle des effets principaux d'habillement en service dans la compagnie, classés d'après leurs marques d'échéance de durée;

12° La situation au 1er juillet des effets de grand équipement, et de ceux d'armement en service dans la compagnie, classés, les premiers d'après leurs marques d'échéance de durée, et les seconds d'après l'année de leur mise en service;

13° Les comptes ouverts par débit et crédit aux effets principaux d'habillement, et à ceux de grand équipement et d'armement en service dans la compagnie;

14° Le compte ouvert par débit et crédit aux effets de casernement à l'usage de la compagnie;

15° Le répertoire alphabétique des hommes.

737. Dans les corps de troupe à cheval, les commandans d'escadron tiennent le deuxième livre de compagnie prescrit par l'article 715.

Ce livre est disposé de manière à présenter, pour l'année,

1° Les situations journalières de l'effectif en chevaux d'officiers et de troupe;

2° Le contrôle des chevaux d'officiers;

3° Le contrôle des chevaux de troupe, avec la situation des effets principaux de harnachement;

4° Le compte ouvert par débit et crédit aux effets principaux de harnachement en service dans l'escadron;

5° Le répertoire alphabétique des chevaux.

Livret individuel des hommes de troupe.

738. Tout homme de troupe doit être muni du livret mentionné à l'article 714, sur lequel sont inscrits ses nom et prénoms, son signalement, les numéros de son bataillon ou escadron et de sa compagnie, ses services successifs, et les effets de toute espèce qui lui sont fournis. Ce livret contient en outre un compte ouvert à la masse de l'homme.

739. Le livret de chaque homme de troupe est établi de manière à durer pendant tout le temps de son service; il est fourni, s'il y a lieu, de nouveaux livrets aux hommes qui contractent des rengagemens.

Surveillance des commandans de compagnie par rapport aux livrets.

740. Les commandans de compagnie sont tenus, sous leur responsabilité particulière, de veiller à ce que les livrets restent toujours entre les mains des hommes auxquels ils appartiennent, afin que ceux-ci soient à même d'en vérifier en tout temps le contenu.

Chaque homme de troupe conserve également son livret dans toute position d'absence, et lorsqu'il passe à un autre corps, ou qu'il quitte définitivement le service.

741. Toutes les sommes qui affectent le crédit et le débit de la masse de chaque homme de troupe, sont portées successivement

tant sur son livret que sur le compte qui lui est ouvert au livre de compagnie (*tableau D*).

Inscription des sommes à porter au crédit ou au débit de chaque homme de troupe.

742. Les sommes à porter au crédit de chaque masse individuelle, sont celles provenant des retenues et versemens détaillés en l'article 827.

743. On porte au débit de chaque masse individuelle la valeur des divers objets indiqués en l'article 825.

744. Les inscriptions détaillées dans les deux articles précédens doivent être faites en présence de l'homme qu'elles concernent.

Tenue du livret d'ordinaire.

745. Chaque chef d'ordinaire est chargé de la tenue du livret d'ordinaire; il y inscrit successivement, après la distribution de chaque prêt,

1° La portion de prêt affectée aux dépenses de l'ordinaire;

2° Le produit des diverses retenues détaillées en l'article 808.

Ces diverses recettes sont totalisées à l'expiration de chaque trimestre.

Responsabilité des commandans relativement aux livres de compagnie et aux livrets.

746. Les commandans de compagnie sont particulièrement responsables de la tenue des livres et des livrets de leurs compagnies respectives, et du préjudice que la négligence ou l'inexactitude des enregistremens pourrait occasionner, soit aux militaires, soit à l'État.

TITRE III.

DES FORMES A SUIVRE POUR CONSTATER L'EXISTENCE ET LES DROITS DES MILITAIRES DANS LES CORPS DE TROUPE.

CHAPITRE Ier.

Des Matricules.

Tenue des matricules.

747. Il est tenu dans les corps de troupe deux matricules des hommes, l'une pour les officiers et l'autre pour les hommes de troupe; il est réservé à la fin de cette dernière, un nombre de cases suffisant pour l'immatriculation des enfans de troupe légalement admis. Un double de ces matricules est tenu au ministère de la guerre.

Détails des renseignemens à porter sur la matricule des officiers.

748. La matricule des officiers (*modèle* n° 64 *A*) est disposée de manière à recevoir, pour chacun d'eux, dans des cases séparées, l'annotation

1° Du numéro d'immatriculation;
2° Des nom et prénoms;
3° Des noms et prénoms des père et mère;
4° Du lieu et du jour de naissance;
5° De la date de l'entrée au service;
6° De la date de l'entrée au corps;
7° De la position antérieure à l'admission comme officier;
8° Du grade, du changement de grade et de classe;
9° Du détail des services antérieurs à l'entrée au corps, soit avant, soit après la nomination au grade d'officier;
10° Des campagnes faites, des blessures reçues, des décorations obtenues, et des actions d'éclat;
11° Des mariages contractés;
12° Du décès au service;
13° De l'époque et des causes de la sortie du corps;
14° Du temps qu'ils ont passé en captivité.

749. L'officier conserve toujours son numéro d'immatriculation lorsqu'il est promu à un nouveau grade dans le même corps; et dans ce cas, il est fait, sur le registre-matricule, mention du nombre d'années, de mois et de jours de service, passés dans le grade précédent.

Détail des renseignemens à porter sur la matricule des hommes de troupe.

750. La matricule des hommes de troupe (*modèle n°* 64 *B*), indique, dans des cases réservées pour chacun d'eux, et numérotées depuis la première jusqu'à la dernière,

1° Le numéro d'immatriculation donné à l'homme au moment où il entre au corps;
2° Ses nom, prénoms et surnoms, et ceux de ses père et mère;
3° Le jour et le lieu de sa naissance, ainsi que l'indication de son canton et de son département;
4° Son signalement;
5° Sa profession;
6° Le lieu de son dernier domicile;
7° La date et le lieu de son enrôlement;
8° L'appel dont il provient, s'il est appelé, soit qu'il marche pour son compte ou comme suppléant;
9° Les nom et prénoms de l'homme qu'il remplace, s'il est remplaçant;
10° Le corps d'où il sort, s'il vient par incorporation;
11° La date de son arrivée au corps;

12° Les dates des rengagemens et le nombre d'années pour lequel ils sont contractés ;

13° Les grades, et les dates des nominations ;

14° Les campagnes et les blessures ;

15° Les actions d'éclat ;

16° Les récompenses militaires ;

17° Les services antérieurs à l'arrivée au corps ;

18° Les mariages contractés au corps ou antérieurement ;

19° Les désertions à l'époque de l'expiration des délais de repentir, ainsi que les journées d'absence illégale ;

20° Enfin, les mutations qui éloignent l'homme du corps, soit définitivement, soit temporairement, pour cause de captivité dans les prisons de l'ennemi, ou d'emprisonnement ordonné par un jugement pour plus d'une année.

Numéro d'immatriculation, invariable.

751. Tout homme de troupe, depuis son admission dans un corps jusqu'à sa sortie ou sa promotion au grade d'officier, conserve son numéro d'immatriculation.

752. La même règle est observée lorsque l'homme se rengage, pourvu que le rengagement ait été contracté en temps utile. Elle est pareillement observée à l'égard des déserteurs rayés des contrôles et rentrés au corps après avoir été absous par refus d'informer ou par jugement.

Homme de troupe remplacé.

753. Lorsqu'un homme de troupe est remplacé dans son corps, on mentionne à son article les nom et prénoms de son remplaçant, et réciproquement, à l'article de ce dernier, les nom, prénoms et numéro du remplacé.

Sous-officier promu officier.

754. Le sous-officier promu officier dans le même corps est inscrit sur la matricule des officiers, et cesse de compter à celle des hommes de troupe.

Inscription des enfans de troupe.

755. Les enfans de troupe, y compris ceux admis en qualité de tambour, clairon ou trompette, ne sont immatriculés comme hommes de troupe qu'à dater du jour où, conformément à la loi, ils ont contracté un engagement volontaire.

Il n'y a jamais lieu à radiation.

756. Il n'est jamais fait de radiations sur les matricules ; les pertes pour le corps y sont indiquées par les mutations, et l'on y indique également les motifs de la réadmission, lorsqu'il y a lieu.

Hommes changeant de corps.

757. Lorsqu'un militaire passe d'un corps de troupe à un autre, le conseil d'administration fait dresser, d'après la matricule, un état signalétique de ce militaire, et récapitulatif de ses services, le certifie, et l'envoie à son nouveau corps, après l'avoir soumis au *vu et vérifié* du sous-intendant.

758. Les mutations portées aux matricules, tant pour les officiers que pour les hommes de troupe, doivent être appuyées de pièces justificatives. Un relevé de ces mutations est adressé, à la fin de chaque mois, au Ministre de la guerre.

Matricule des chevaux.

759. Dans les corps de troupe à cheval, et dans tous ceux dont l'organisation comporte des chevaux de trait ou de bât, il est tenu une matricule des chevaux de troupe (*modèle n° 64 C*).

Renseignemens à y inscrire.

760. On y inscrit, dans l'ordre de l'arrivée de chaque cheval au corps

1° Le numéro d'immatriculation qui lui est donné;
2° La date de la réception;
3° L'âge, la taille et le sexe;
4° Le signalement;
5° L'origine;
6° Le détail des mutations qui indiquent l'entrée au corps et la sortie, le passage d'une compagnie dans une autre, et les noms successivement donnés.

Matricule des voitures.

761. Dans les corps dont l'organisation comporte des voitures du train, il est tenu une matricule des voitures (*modèle* n° 64 *D*), sur laquelle on inscrit, dans l'ordre de leur réception, le numéro qui leur est donné au moment de leur livraison, et les mutations qui indiquent leur entrée au corps et leur sortie, ou leur passage d'une compagnie dans une autre.

Conservation des matricules au dépôt.

762. Les matricules sont toujours tenues pour chaque corps au lieu de la résidence du conseil d'administration. En aucun cas elles ne peuvent être transportées hors du royaume.

Matricules non renouvelées.

763. Les matricules ne sont point renouvelées; elles sont continuées indéfiniment avec la même série de numéros, au moyen de nouveaux registres que le Ministre de la guerre adresse aux conseils d'administration sur leur demande.

Destination des matricules des corps licenciés.

764. Les matricules des corps licenciés sont adressées par les intendans au Ministre de la guerre.

CHAPITRE II.

Des Contrôles annuels.

Object des contrôles annuels.

765. Les contrôles annuels sont destinés à recevoir l'inscription des hommes, des chevaux, des effets et des voitures appartenant à chaque compagnie, ainsi que l'annotation de toutes les mutations que ces individus et ces objets peuvent subir dans le cours d'une année.

Ces contrôles sont formés et tenus ainsi qu'il est prescrit aux articles 460 et suivans.

CHAPITRE III.

Des Situations de l'Effectif.

Rapports journaliers des commandans de compagnie.

766. Les rapports journaliers à fournir conformément à l'article 466, présentent la situation numérique de l'état major et des compagnies ; ils indiquent nominativement les mutations des hommes et des chevaux, et font connaître la situation des fonds de masse de linge et chaussure des hommes morts, désertés, ou absens pour quelque cause que ce soit; on joint à ces rapports (*modèle* n° 65) les billets de sortie d'hôpital; les feuilles de route, les congés, les lettres de service, et généralement toutes les pièces justificatives des mutations.

Vérification du major.

767. Le major, après avoir vérifié et inscrit les mutations sur les contrôles, conformément à l'article 466, communique les pièces justificatives au sous-intendant militaire, ainsi que le prescrit l'article 491, et les conserve pour les annexer aux feuilles de journées. Il fait remettre ensuite les rapports journaliers au trésorier.

Situation journalière à porter au registre de l'effectif par le trésorier.

768. Le trésorier porte, jour par jour, la situation de chaque compagnie sur le registre de l'effectif, en commençant par les compagnies du dépôt, et en finissant par les portions de corps détachées, à mesure que lui parviennent les copies dont il est parlé ci-après, article 770.

Même opération que ci-dessus dans les portions de corps.

769. L'officier remplissant les fonctions de major près d'une portion de corps, transmet à l'officier comptable de cette portion, les rapports journaliers des commandans de compagnie et des commandans de détachemens, pour être inscrits comme il est dit à l'article précédent.

Copie du registre de l'effectif envoyée par les portions de corps au major.

770. En station comme en route, le conseil éventuel ou le commandant de chaque portion détachée envoie tous les dix jours au major du corps une copie du registre de l'effectif (*première partie*).

771. En route, les rapports journaliers remis au trésorier ou à l'officier qui le supplée, servent à déterminer les quantités de rations de toute nature que le corps ou le détachement doit percevoir dans chaque gîte d'étape.

Forme et objet des états dits *quatridiaires*.

772. Tous les quatre jours, soit en station, soit en route, les commandans de compagnie dressent un état quatridiaire (*modèle* nº 66), qui présente,

1º La situation de l'effectif par grade; le détail nominatif des mutations survenues pendant les quatre jours précédens, et la balance des gains et des pertes;

2º Le compte provisoire des sommes à payer à titre de prêt pour la solde pendant les quatre jours suivans, et, lorsqu'il y a lieu, pour la solde de route;

3º Le nombre des rations de toute nature à percevoir pour les hommes et les chevaux pendant le même temps.

773. Le dernier état quatridiaire du mois comprend les hautes-paies pour le mois entier.

Destination desdits états.

774. Les commandans de compagnie remettent les états quatridiaires au trésorier ou à l'officier payeur pour servir au paiement du prêt, ainsi qu'à l'établissement des bons de distribution de rations de différentes natures, et, lorsqu'il y a lieu, au paiement de la solde de route.

Formation des situations quatridiaires.

775. Le trésorier ou l'officier payeur dresse, pour le corps ou pour la portion de corps, une situation quatridiaire (*modèle* nº 67) relevée de la première partie du registre de l'effectif.

Destination desdites situations.

776. Cette situation, distincte pour le dépôt et pour chaque portion de corps, est remise au major ou à son suppléant, pour faciliter les vérifications dont ils sont chargés.

CHAPITRE IV.

Des Feuilles d'appel.

Objet et destination des feuilles d'appel.

777. Les feuilles d'appel à établir conformément à l'article 514, présentent l'état nominatif des hommes à passer en revue sur le terrain. Elles sont établies par compagnies, certifiées par le capitaine et vérifiées par le major.

CHAPITRE V.

Des Feuilles de journées.

Objet et destination des feuilles de journées.

778. Il est dressé dans chaque corps de troupe, et séparément pour chaque trimestre, autant de feuilles de journées qu'il y a de compagnies ou d'escadrons formant compagnie. Ces feuilles sont établies conformément aux dispositions des articles 535 et suivans.

CHAPITRE VI.

Des Revues de liquidation.

Objet et destination des revues de liquidation.

779. Il est établi pour chaque corps de troupe, et par trimestre, une revue de liquidation destinée à fixer les droits que les corps ont acquis aux prestations de toute espèce dans le cours du trimestre expiré, et ce, conformément aux dispositions des articles 562 et suivans.

TITRE IV.

DES PRESTATIONS EN DENIERS.

CHAPITRE Ier.

Des Demandes de Fonds pour la Solde et autres prestations en deniers.

Formation des états de demande de fonds.

780. Les demandes de fonds ou états de paiement à former pour la perception de la solde et autres prestations en deniers, sont établis par le trésorier ou par l'officier qui en remplit les fonctions, aux époques déterminées ci-après.

Les conseils d'administration ou les officiers commandans, suivant le cas, les adressent aux sous-intendans, qui les vérifient et en ordonnancent le montant.

781. Ces demandes sont établies distinctement pour la solde des officiers et pour celle de la troupe, d'après les formes et aux époques prescrites par les articles 309 et 311.

CHAPITRE II.

De la Destination et de la Distribution des Fonds perçus pour la Solde et les autres prestations en deniers.

SECTION Ire.

De la Distribution de la solde aux Officiers.

Paiement de la solde des officiers.

782. La solde est distribuée aux officiers par le trésorier, pour le mois échu, dès le lendemain du jour qu'il a reçu les fonds pour ce paiement, et à l'heure indiquée par le commandant du corps.

Feuille d'émargement.

783. Cette distribution s'effectue d'après une feuille nominative d'émargement (*modèle* n° 68), que le trésorier dresse pour chaque mois.

Quittance des parties prenantes.

784. Les officiers présens apposent leur quittance en marge de la feuille; ceux détachés dans le département où réside le dépôt du corps, envoient des quittances individuelles, qui demeurent annexées audit état.

Formalité à remplir en cas d'absence.

785. Nul officier ne peut signer pour un autre; à moins qu'il ne soit porteur d'une autorisation donnée sous seing privé par le titulaire et légalisée par un sous-intendant; dans ce cas, l'autorisation est jointe à la quittance ou à la feuille d'émargement.

Officier changeant de corps, payé jusqu'au jour de son départ.

786. Tout officier quittant un corps ou une portion de corps, soit définitivement, soit pour cause de congé ou de mission, ou pour entrer à l'hôpital, soit pour passer à une autre portion du même corps, est payé sur sa quittance individuelle, avant son départ, de tout ce qui peut lui être dû au titre de ce corps jusqu'au jour de son départ exclusivement. Il lui est délivré par le conseil d'administration un certificat de cessation de paiement, visé par le sous-intendant militaire.

Droit acquis aux officiers de disposer librement de leur solde.

787. Les officiers ont la libre et entière disposition de leur solde, sauf les retenues légales dont elle peut être passible.

Versement à la caisse des dépôts et consignations des sommes dues aux officiers décédés.

788. Les sommes dues en vertu de droits constatés, à des officiers décédés à leurs corps, sont versées dans les caisses publiques au compte de la caisse des dépôts et consignations, auprès de laquelle les héritiers doivent se pourvoir. Ces versemens s'opèrent d'après un bordereau arrêté en triple expédition par le conseil d'administration, et visé par le sous-intendant militaire.

Déduction dont ce versement est susceptible.

789. Il est fait, sur le bordereau mentionné ci-dessus, déduction des dettes de l'officier décédé, soit envers le département de la guerre, soit envers le corps. Dans ce dernier cas, la légitimité des dettes devra préalablement être reconnue par le sous-intendant militaire, et constatée par son *visa*.

Récépissé à fournir par le receveur.

790. Le receveur remet, en échange de la somme versée dans sa caisse, deux expéditions du bordereau, revêtues de sa signature: la première, portant récépissé, pour être produite à l'appui des comptes du trésorier; la seconde, portant déclaration de récépissé, pour être adressée aux héritiers comme titre de réclamation auprès de la caisse des dépôts et consignations.

Officier décédé débiteur envers le corps.

791. Lorsque la dette de l'officier excède sa créance, le conseil d'administration dresse, en double expédition, un bordereau qui fait connaître le nom et le domicile de cet officier, et, autant que possible, ceux de ses héritiers, ainsi que la somme dont il est demeuré débiteur.

Marche à suivre pour le recouvrement de ces sortes de créances.

792. Ce bordereau est soumis à la vérification et au *visa* du sous-intendant militaire qui en adresse une expédition à l'intendant divisionnaire; ce dernier la transmet au Ministre de la guerre, qui avise, s'il y a lieu, aux moyens d'obtenir le paiement de la dette laissée par l'officier.

La seconde expédition dudit bordereau est rendue au conseil.

SECTION II.

De la Distribution de la solde à la Troupe.

Emploi de la solde.

793. La solde journalière de la troupe se divise, dans son application, en trois parties distinctes.

La première, destinée à alimenter, pour chaque homme de troupe, la masse dite *de linge et chaussure*, reste en réserve dans la caisse du corps; elle est réglée ainsi qu'il suit :

Pour les sous-officiers, caporaux, brigadiers ou soldats	de la garde royale, y compris les compagnies sédentaires de cette garde..	15 cent.
	des corps de la ligne de toutes armes..	10
Pour les compagnies de sous-officiers, canonniers et fusiliers sédentaires de la ligne	Sous-officiers	8
	Caporaux ou soldats des compagnies de sous-officiers	8
	Caporaux ou soldats des compagnies de fusiliers et de canonniers	5

La deuxième partie est consacrée aux dépenses de l'ordinaire; elle est fixée, pour chaque soldat, caporal ou brigadier, savoir :

Dans la garde royale,

Avec les vivres de campagne, à	20 cent.
Avec le pain, en quartier ou en garnison, à	40
Avec le pain, en marche, à	50

Dans les corps de la ligne de toutes armes, y compris les compagnies de sous-officiers, de fusiliers et de canonniers sédentaires,

Avec les vivres de campagne, à	15 cent.
Avec le pain, en quartier ou en garnison, à	30
Avec le pain, en marche, à	40

Dans tous les corps de l'armée, le prélèvement à faire sur la solde des sous-officiers, lorsqu'ils font ordinaire entr'eux, doit excéder de cinq centimes au moins la fixation déterminée ci-dessus pour les soldats, caporaux ou brigadiers. Cet excédant est de cinq centimes seulement quand ils sont obligés de vivre à l'ordinaire du soldat.

La troisième partie de la solde, formant le surplus du prêt, est remise individuellement aux hommes comme deniers de poche.

794. De ces trois parties constituantes de la solde, les deux dernières sont distribuées à l'avance, et sous le titre de *prêt*, par le trésorier, en présence de l'officier de semaine, aux sergens majors, et maréchaux des logis en chef, de quatre jours en quatre jours, les 1er, 5, 9, 13, 17, 21, 25 et 29 de chaque mois, la dernière distribution de chaque mois a lieu pour un, deux ou trois jours, suivant que le mois est de vingt-neuf, trente ou trente et un jours.

Solde payée en totalité aux adjudans sous-officiers.

795. Les adjudans sous-officiers et les enfans de troupe, n'ayant

point de masse de linge et chaussure, reçoivent la totalité de leur solde.

Mode de distribution du prêt à la troupe.

796. La distribution du prêt se fait d'après les états quatridiaires dressés en exécution de l'article 772, quittancés par les sergens majors et les maréchaux des logis en chef, et visés par les officiers de semaine.

797. Le premier état quatridiaire d'un trimestre ne comprend que la solde des quatre premiers jours de ce trimestre; en conséquence, les augmentations ou déductions à faire pour les mutations survenues pendant les derniers jours du trimestre expiré, sont réglées lors du décompte contradictoire établi entre les commandans de compagnies et le trésorier, ainsi qu'il est dit ci-après, article 814.

Idem au petit état major.

798. Pour le petit état major, l'état quatridiaire est dressé et signé par l'adjudant major, et quittancé par l'adjudant sous-officier, qui reçoit le prêt des mains du trésorier et en fait la distribution aux hommes.

799. Les commandans de compagnie font distribuer le prêt à la troupe par les sergens majors ou les maréchaux des logis en chef, en présence des officiers de semaine.

Remise des fonds destinés à l'ordinaire.

800. Le sergent major ou maréchal des logis en chef remet aux chefs d'ordinaire la portion du prêt destinée aux dépenses de l'ordinaire, en tenant compte des augmentations et diminutions qui résultent des mutations survenues depuis le dernier prêt.

Compte du prêt inscrit au livret d'ordinaire.

801. Le compte du prêt est porté en tête du livret d'ordinaire; il est signé par le sergent major et le chef d'ordinaire, et vérifié par l'officier de semaine.

Distribution des deniers de poche.

802. Les deniers de poche sont distribués aux sous-officiers, caporaux ou soldats, en même temps que le prêt, et il est expressément défendu d'y faire aucune retenue, sous quelque prétexte que ce soit.

Les hautes-paies sont distribuées tous les mois, à terme échu.

Emploi des fonds du prêt inscrit au livre de compagnie.

803. Immédiatement après la distribution de chaque prêt, le commandant de compagnie enregistre au livre de compagnie le montant du prêt et la répartition qui en a été faite pour les dépenses de l'ordinaire et les deniers de poche.

Paiement à faire aux hommes allant aux hôpitaux ou en congé.

804. Les hommes partant pour les hôpitaux ou allant en congé sont payés des deniers de poches et des hautes-paies jusqu'au jour exclus de leur départ.

Destination à donner aux rappels dus aux garnisaires, permissionnaires, etc.

805. Les sommes provenant des rappels auxquels ont droit, après leur rentrée au corps, les hommes envoyés comme garnisaires, en témoignage, en ordonnance, et ceux en permission, en congé ou en jugement, sont versées jusqu'à due concurrence à leur masse, lorsqu'elle est incomplète et que ces hommes ont besoin d'effets de petit équipement.

806. Le prélèvement qui doit être opéré au profit de l'ordinaire, sur le rappel dû aux garnisaires, est égal à celui que supportent les hommes rentrés de permission, conformément à l'article 808 ci-après.

Rappel des deniers de poche, et, suivant le cas, de la portion affectée à l'ordinaire.

807. Hors le cas prévu par l'article 805, les hommes qui se sont trouvés dans les positions ci-dessus indiquées, reçoivent immédiatement après leur retour au corps, la partie des rappels représentant les deniers de poche; ceux rentrés de témoignage ou d'ordonnance touchent en outre la partie du prêt affectée à l'ordinaire.

Recettes particulières appliquées à l'ordinaire.

808. Indépendamment de la portion du prêt versée aux fonds de l'ordinaire, ces fonds s'accroissent,

1° Du supplément versé par les sous-officiers quand ils vivent à l'ordinaire du soldat;

2° Du prélèvement fait sur la solde des travailleurs et sur les rappels dus aux hommes de troupe qui étaient absens comme garnisaires;

3° Du prix payé par les travailleurs pour leur service, lorsqu'il roule sur l'ordinaire;

4° De la retenue faite aux hommes punis de la prison ou de la salle de police.

5° De ce qui revient aux hommes rentrés de permission, prélèvement fait de la retenue affectée à la masse de linge et chaussure.

Enregistrement desdites recettes aux livrets d'ordinaire.

809. Les recettes mentionnées en l'article précédent sont successivement enregistrées au livret d'ordinaire, à la suite du compte du prêt prescrit en l'article 801.

810. Les produits détaillés aux troisième, quatrième, cinquième et sixième alinéa de l'article 808, sont justifiés au moyen du relevé des journées portées au livre de compagnie sur les états nominatifs des travailleurs, des garnisaires, des hommes en permission, et de ceux punis de la prison ou de la salle de discipline.

Emploi des fonds de l'ordinaire, exclusivement réservé à la troupe.

811. L'emploi des fonds destinés aux ordinaires appartient exclusivement à la troupe, qui est libre de choisir elle-même ses fournisseurs et de débattre les prix.

Cette faculté s'exerce sous la surveillance des commandans de compagnie, qui, de leur côté, doivent s'assurer que les fonds de l'ordinaire reçoivent exactement leur destination, et que les denrées sont de bonne qualité.

Preuve à exiger du paiement des fournitures.

812. Les commandans de compagnie se font remettre tous les mois un certificat des boulangers, bouchers, charcutiers et autres marchands de comestibles, attestant qu'il ne leur est rien dû par les soldats de la compagnie.

Dépenses diverses à la charge de l'ordinaire.

813. Sont à la charge des fonds de l'ordinaire, le paiement du *frater*, les dépenses de blanchissage, ainsi que l'achat des balais et des ingrédiens nécessaires pour blanchir la buffleterie, éclaircir les armes, cirer les gibernes, et noircir les souliers, etc.

État de totalisation du prêt.

814. Immédiatement après le dernier prêt d'un trimestre, tous les paiemens faits pendant ce trimestre sont totalisés au moyen d'un état dit *de totalisation* (*modèle* n° 69.), que chaque commandant de compagnie dresse contradictoirement avec le trésorier, et qui est remis à ce dernier, après avoir été vérifié et approuvé par le conseil d'administration, pour être joint à l'appui de ses comptes.

Décompte trimestriel des prestations de toute espèce.

815. Aussitôt que le sous-intendant militaire a renvoyé au corps les feuilles de journées, revêtues de son *vu et vérifié*, le trésorier et le commandant de chaque compagnie signent contradictoirement, pour ce qui concerne la troupe seulement, l'état comparatif (*modèle* n° 70) des prestations allouées et de celles perçues pendant le trimestre, à l'effet d'établir le *trop* ou le *moins perçu* de la compagnie.

Pour ce qui concerne le petit état major, cette opération se fait contradictoirement entre le trésorier et l'adjudant major.

Mode de remboursement des trop perçus en ration.

816. Dans le cas d'un trop perçu en rations, le montant en ar-

gent en est réglé d'après les fixations des tarifs arrêtés par le Ministre, et la somme que chaque commandant de compagnie est reconnu avoir à rembourser, est retenue sur sa solde.

Mode de paiement des moins perçus en deniers.

817. Les moins perçus en deniers sont payés comptant par le trésorier au commandant de chaque compagnie. Dans le cas de trop perçus, le montant en est déduit de la manière prescrite par l'article précédent.

Annulation des états quatridiaires.

818. Les états quatridiaires sont annulés par le trésorier en présence des commandans de compagnie, après la vérification de la comptabilité du trimestre par le sous-intendant militaire.

Dans les portions de corps, ces états sont annulés par l'officier-payeur, qui en fait la remise au conseil éventuel ou à l'officier commandant, pour être adressés au conseil d'administration.

Totalisation trimestrielle du prêt au livre de compagnie.

819. Le commandant de compagnie totalise ensuite, au livre de compagnie, les prêts du trimestre et leur répartition. Cette opération a pour objet de justifier la remise des deniers de poche, et de constater le versement aux fonds de l'ordinaire de la portion du prêt qui leur est affectée.

Enregistrement au livre de compagnie de toutes les recettes appartenant à l'ordinaire.

820. Pour établir le compte des fonds de l'ordinaire, le commandant de compagnie inscrit à la fin de chaque trimestre, au livre de compagnie, le montant des produits additionnels indiqués en l'article 808, lesquels, ajoutés à la portion du prêt versée à l'ordinaire, forment le total des recettes. Ces recettes doivent cadrer avec celles successivement inscrites au livret d'ordinaire de la compagnie à l'époque de chaque prêt.

Paiement du prêt maintenu en cas de séparation opérée dans l'intervalle d'un prêt à l'autre.

821. Lorsqu'une portion de corps composée d'une ou de plusieurs compagnies entières se sépare du dépôt dans l'intervalle d'un prêt à l'autre, le paiement du dernier prêt est maintenu, et le conseil d'administration constate sur le livret, ainsi que sur le registre de caisse de la portion de corps, l'époque jusqu'à laquelle la solde a été payée aux officiers et à la troupe.

Le trop perçu est déduit sur le premier état de paiement de cette même portion.

822. On opère de la même manière pour tout détachement de portion de corps autorisé à percevoir directement sa solde dans la caisse d'un agent du trésor.

Remise à l'officier-payeur du relevé des prêts payés jusqu'au jour de la séparation.

823. Afin que l'officier-payeur ou l'officier comptable de la portion de corps puisse, à l'expiration du trimestre, régler les décomptes avec les capitaines, le trésorier lui remet un relevé des prêts payés aux compagnies sur le trimestre courant, jusqu'au jour du départ. Ces relevés doivent être vérifiés et signés par le major.

Solde perçue par les portions séparées à dater du jour du départ.

824. Lorsqu'une portion détachée est composée de fractions d'une ou de plusieurs compagnies, le commandant perçoit directement la solde à dater du jour du départ; et s'il reste des sommes à la disposition des commandans des compagnies auxquelles les hommes détachés appartiennent, ces officiers en font la déduction sur les premiers états quatridiaires.

Section III.

De la Masse de linge et chaussure.

Destination de la masse.

825. La masse de linge et chaussure est instituée à l'effet de pourvoir, pour le compte individuel de chaque homme,

1° A l'achat, à l'entretien et au renouvellement de ses effets de petit équipement, et de ceux dits *de petite monture ;*

2° Aux réparations de l'armement et des effets principaux d'habillement, de grand équipement et de harnachement, lorsqu'elles sont mises à la charge des hommes de troupe ;

3° Au remboursement des pertes d'effets d'habillement, d'équipement, d'armement, de casernement ou d'hôpitaux, et des dégradations ou dégâts faits par la troupe, soit dans les bâtimens militaires, soit chez l'habitant ;

4° A l'imputation du montant des avances faites en route, dans le cas prévu par l'article 12 de l'ordonnance sur les indemnités de route.

Formation de cette masse.

826. La masse de chaque homme, les enfans de troupe exceptés, se forme des sommes allouées pour première mise des effets de petit équipement.

Produits dont elle s'alimente.

827. Cette masse s'entretient au moyen,

1° De la réserve faite sur la solde, conformément aux fixations déterminées par l'article 793 ;

2° Des versemens faits volontairement par les hommes de troupe pour compléter leur masse ;

3° Des versemens faits pour le compte des travailleurs ;

4° Des versemens faits pour le compte des garnisaires et des hommes rentrant de permission et autres, dans les cas prévus par l'article 805.

Tous les versemens ont lieu par trimestre, sur des états nominatifs (*modèle n° 71*).

Fixation du complet de la masse.

828. Le complet de la masse de chaque homme est fixé ainsi qu'il suit, savoir :

Corps de la garde royale de toutes armes, y compris les compagnies sédentaires	Sous-officiers	50f.
	Caporaux, brigadiers et soldats	40.
Corps de la ligne de toutes armes	Sous-officiers	40.
	Caporaux, brigadiers et soldats	30.
Compagnie de sous-officiers sédentaires	Sous-officiers, caporaux et soldats	40.
Compagnie de canonniers et fusiliers sédentaires	Sous-officiers	40.
	Caporaux et soldats	27.

Modé d'administration.

829. Les fonds de la masse de linge et chaussure sont administrés par les conseils d'administration, pour le compte particulier de chaque homme de troupe, et sous la surveillance spéciale des membres de l'intendance.

Toutefois, la passation des marchés est exclusivement attribuée aux capitaines.

830. Les conseils d'administration ne doivent négliger aucun moyen d'ordre, de surveillance et d'économie, pour que les hommes de troupe aient au complet leur sac ou porte-manteau, ainsi que leur fonds individuel de masse, et pour que cette masse ne supporte que les dépenses qui sont légalement à sa charge.

Relevé des situations individuelles de masse, dressé pour tenir lieu de livre de compagnie dans les portions de corps.

831. Lorsqu'il est formé une portion de corps composée d'hommes tirés de plusieurs compagnies, le trésorier dresse une situation individuelle des masses de ces hommes au jour exclus du départ. Cette situation, certifiée par le conseil d'administration et visée par le sous-intendant, est remise au conseil éventuel ou à l'officier commandant, pour suppléer au livre de compagnie en ce qui concerne la masse de linge et chaussure, et pour servir à établir les feuilles de situations individuelles prescrites ci-après, articles 854 et 865.

Dans le cas prévu par le présent article, les fonds de masse sont également remis au conseil éventuel ou à l'officier commandant, soit en totalité, soit en partie, selon que le Ministre de la guerre l'aura ordonné.

Le conseil d'administration autorise seul les dépenses de cette masse.

832. Aucune dépense au compte de la masse de linge et chaussure ne peut être faite ni acquittée que d'après des ordres spéciaux du conseil, inscrits au registre des délibérations et rappelés au bas des pièces justificatives.

Il est interdit au conseil d'administration d'autoriser aucune avance en argent aux sous-officiers et soldats, sur les fonds de leur masse.

Mode de remboursement des réparations mises au compte des hommes.

833. Les réparations à la chaussure et celles mises éventuellement au compte des hommes, soit pour leur armement, soit pour leurs effets principaux, dans le cas prévu par l'article 825, sont payées tous les mois, sur des états nominatifs par compagnie (*modèle n° 72*), dressés par les officiers commandans, vérifiés par le major, et quittancés par les maîtres ouvriers qui ont exécuté les réparations. Ces paiemens sont inscrits en un seul article, et sous le même numéro, au journal du trésorier.

834. A la fin de chaque trimestre, les états mensuels prescrits par l'article précédent sont totalisés sur un bordereau numérique (*modèle n° 73*), lequel, après avoir été certifié par le conseil d'administration et vérifié par le sous-intendant, reste à l'appui des comptes du trésorier.

Fournitures d'effets de petit équipement aux hommes isolés.

835. Lorsqu'il a été délivré des effets de petit équipement à des hommes de troupe marchant isolément, les bons d'imputation parvenus au conseil d'administration sont portés en recette au registre de caisse, et au journal du trésorier, et remis ensuite par le trésorier, sur reçus provisoires, aux commandans des compagnies auxquelles lesdits hommes appartiennent, afin que ceux-ci en soient débités à leur compte individuel et sur la feuille des situations trimestrielles.

Imputation du prix de ces fournitures.

836. A la fin de chaque trimestre, et à l'instant du paiement des excédans de masse, le trésorier porte en dépense, en un seul article, le montant des reçus provisoires mentionnés ci-dessus, qu'il annulle et qui sont remplacés par le relevé émargé des bons d'imputation prescrits ci-après, article 858.

Pertes ou dégradations à la charge du soldat.

837. Les paiemens qui peuvent être faits par le corps pour dé-

gradations dans les bâtimens de l'état, pour pertes ou dégradations d'effets de casernement et d'hôpitaux, ou pour dégâts chez l'habitant, sont justifiés, soit par les récépissés de versemens faits chez les receveurs généraux, soit par les quittances des entrepreneurs des travaux du génie, des directeurs d'hôpitaux, des préposés des lits militaires ou des maires.

Répartition du montant des pertes et dégradations.

838. Dans le cas prévu à l'article précédent, il est dressé, par les soins du trésorier, un état sommaire pour servir à la répartition entre les compagnies auxquelles les hommes passibles des retenues appartiennent, du montant des paiemens effectués ; cet état, vérifié par le major et approuvé par le conseil d'administration, est notifié, par la voie de l'ordre du jour, aux commandans des compagnies.

839. D'après cette notification, chaque commandant de compagnie fait, entre les hommes passibles des retenues, la sous-répartition de la somme pour laquelle la compagnie est comprise dans la répartition approuvée par le conseil, et porte ces retenues au débit des masses des hommes, tant sur le livre de compagnie que sur les livrets individuels.

Arrêté du compte de la masse des hommes changeant de corps, au moment de leur départ.

840. Lorsque des hommes de troupe doivent changer de corps, les commandans de compagnie règlent et signent le compte individuel de ces hommes au jour de leur départ, sur les livrets de chacun d'eux, et remettent au trésorier un état nominatif (*modèle n° 74*), vérifié par le major, présentant la situation de leurs fonds de masse.

Même arrêté en cas d'absence éventuelle.

841. A l'égard des hommes de troupe qui entrent dans une position éventuelle d'absence, le commandant de compagnie règle le compte de leurs fonds de masse, tant sur le livret individuel que sur le livre de compagnie, pour en comprendre la situation dans son rapport journalier, conformément à l'article 766.

États récapitulatifs des situations de masse pour les hommes changeant de corps.

842. Au moyen des états mentionnés à l'article 840, le trésorier dresse, en double expédition, autant d'états récapitulatifs (*modèle n° 75*) qu'il y a de corps différens dans lesquels les hommes doivent passer ; ces états récapitulatifs sont certifiés par le conseil d'administration, et soumis au *visa* du sous-intendant.

Transmission des fonds de masse à la nouvelle destination des hommes.

843. Le conseil autorise le trésorier à verser le montant de

chaque état récapitulatif dans la caisse du receveur général, qui lui délivre une rescription de même somme sur le trésor, à l'ordre du conseil d'administration de chaque nouveau corps. Le receveur général appose, au bas de la première expédition de l'état sa déclaration de délivrance de ladite rescription, pour servir de pièce justificative au trésorier.

844. Le trésorier remet la rescription, ainsi que la seconde expédition de l'état précité, au conseil d'administration, qui envoie l'une et l'autre au corps dans lequel les hommes ont ordre de passer.

Cas où les hommes passant dans d'autres corps sont débiteurs à la masse.

845. Si le résultat de l'état présente un débet, le corps qui reçoit les hommes en fait passer le montant au corps d'où il sortent, par les moyens indiqués en l'article 843.

Fonds de masse remis aux hommes congédiés, réformés, etc.

846. Tout homme de troupe quittant son corps par congé définitif ou illimité, par réforme, retraite, ou pour passer à l'hôtel des invalides, est payé, avant son départ, de la totalité de son fonds de masse.

La même disposition est applicable au sous-officier promu officier, soit qu'il reste à son corps, ou qu'il reçoive une autre destination.

847. Le paiement ci-dessus mentionné est fait par le trésorier, sur un état nominatif (*modèle n° 76*) certifié et quittancé par le commandant de la compagnie, et vérifié par le major. Il en est fait inscription tant sur le livret de l'homme que sur l'expédition de son congé.

Même paiement aux hommes congédiés à l'hôpital ou dans leurs foyers.

848. Les hommes de troupe congédiés pendant qu'ils se trouvent à l'hôpital ou en congé limité, sont payés du fonds existant à leur masse au jour de leur départ du corps. Si leur éloignement ne permet pas qu'ils reçoivent ce paiement dans le lieu de la garnison, les fonds en sont versés, pour leur compte personnel, à la caisse des dépôts et consignations, et avis en est donné aux maires de leur domicile.

Cas où les fonds de masse sont acquis à l'État.

849. Les masses des hommes de troupe rayés des contrôles pour cause de désertion, de trop longue absence ou de décès, ou comme prisonniers de guerre, et celles des hommes condamnés à des peines afflictives, sont acquises à l'état et versées à la masse d'entretien.

Cas où les débets sont à la charge de l'État.

850. Le débet à la masse des hommes qui se trouvent dans les positions ci-dessus indiquées et de ceux congédiés étant absens

de leur corps, est à la charge de l'état et imputé sur la masse d'entretien.

Règlement trimestriel des décomptes de masse.

851. A l'expiration de chaque trimestre, les commandans de compagnie règlent, en présence des hommes, la situation de leurs fonds de masse, et vérifient celle des effets de petit équipement composant leur sac ou porte-manteau; le résultat de cette vérification est immédiatement inscrit au livret de chaque homme.

Condition nécessaire au paiement des décomptes.

852. Tout homme présent au corps dont le sac ou le porte-manteau est complet, perçoit chaque trimestre le montant de l'excédant à sa masse.

Suspension du paiement des décomptes à l'égard des hommes rentrés sans feuille de route.

853. Il n'est fait d'exception à l'article précédent que pour les hommes qui, après une absence, de quelque nature qu'elle soit, ne rapportent pas leur feuille de route; dans ce cas, le paiement de leurs excédans trimestriels est suspendu jusqu'à ce que le conseil ait obtenu les renseignemens nécessaires sur les effets qui auraient pu leur être fournis en route : toutefois, cette suspension ne peut durer plus de six mois, conformément à l'article 588.

Établissement des feuilles de situations individuelles de fonds de masse.

854. En conséquence de l'article 851, à l'expiration de chaque trimestre, les commandans des compagnies établissent, en double expédition, pour le trimestre expiré, des feuilles de situations individuelles (*modèle n°* 77) de la masse des hommes appartenant à leurs compagnies respectives.

855. Ils indiquent sur ces feuilles, pour chaque homme de troupe, la situation de sa masse au premier jour du trimestre, y reportent, d'après les comptes individuels ouverts au livre de compagnie, les divers articles de crédit et de débit mentionnés aux articles 825 et 827, et, par la balance de ces articles, établissent la situation de chaque masse au dernier jour du trimestre.

856. Les commandans de compagnie procèdent immédiatement avec le trésorier au règlement contradictoire de la situation des masses individuelles établies ainsi qu'il est prescrit par l'article précédent.

Vérification du trésorier.

857. Le trésorier s'assure préalablement de l'exactitude des feuilles de situations individuelles, en comparant les sommes qui y sont reportées, savoir :

Pour le crédit :

1° Aux allocations résultant des feuilles de journées;

2° Aux états trimestriels de versemens prescrits par l'article 827 ;

3° Aux états récapitulatifs mentionnés à l'article 842, en ce qui concerne la situation des fonds de masse des hommes venus d'autres corps.

Pour le débit :

1° Aux états mensuels prescrits par l'article 833, pour les réparations mises à la charge des hommes ;

2° Aux états prescrits par l'article 838, et servant à la répartition de la valeur des pertes d'effets, dégâts et dégradations au compte des hommes ;

3° Aux états récapitulatifs prescrits par l'article 842, en ce qui concerne la situation des fonds de masse des hommes passés à d'autres corps ;

4° Aux états de paiement prescrits par l'article 847, pour les hommes congédiés, retraités ou réformés ;

5° Aux états nominatifs présentant la valeur des effets de petit équipement distribués aux hommes de la compagnie ;

6° Aux feuilles de route pour les effets de petit équipement fournis en route aux hommes ayant marché isolément.

Vérification du major.

858. Le trésorier remet les feuilles de situations individuelles, avec les pièces à l'appui, au major, qui en fait la vérification et les soumet au conseil d'administration. Il y joint un relevé (*modèle n° 78*), 1° du montant des imputations faites à chaque compagnie, conformément à l'article 835 ; 2° des sommes à payer aux commandans de compagnie pour montant des excédans trimestriels.

Autorisation de paiement par le conseil.

859. Le conseil, après avoir reconnu l'exactitude des pièces mentionnées en l'article précédent, autorise au pied du relevé le paiement des excédans, et remet à cet effet les pièces au trésorier.

Inscription du résultat des situations individuelles au registre de la masse de linge et chaussure.

860. Le trésorier inscrit immédiatement le résultat de chaque feuille de situations individuelles au tableau formant la première partie du registre de la masse de linge et chaussure ; il en garde une expédition, et remet l'autre au commandant de chaque compagnie, après l'avoir signée.

Paiement des excédans de masse aux commandans de compagnie.

861. Aussitôt après l'enregistrement des feuilles, et en conséquence de l'autorisation du conseil, le trésorier paie aux commandans de compagnie le montant des excédans compris au relevé, et l'inscrit tant sur son registre-journal qu'à la dernière colonne du tableau précité.

Communication donnée aux hommes de la situation de leur masse.

862. Aussitôt que le conseil d'administration a ordonné le paiement des excédans individuels, il est dressé, pour être affiché dans chaque chambrée, un état nominatif (*modèle n° 79*) indiquant la somme à payer à chaque homme de troupe qui a un excédant, et présentant la situation de chaque fonds de masse au premier jour du trimestre courant.

Remise des excédans de masse aux hommes.

863. Les commandans font payer immédiatement le montant de chaque excédant individuel, et en font l'inscription tant sur le livre de compagnie que sur les livrets des hommes, à la date effective du paiement; après quoi ils arrêtent et signent les livrets en présence des hommes, conformément à l'article 744.

864. Il est procédé de la manière indiquée ci-dessus dans chaque portion de corps. Les officiers comptables, après avoir réglé les feuilles de situations individuelles avec les commandans de compagnie, conformément aux dispositions des articles 856 et 857, en remettent une expédition au conseil éventuel ou à l'officier commandant, pour être adressée au conseil d'administration, qui charge le trésorier d'en porter les résultats sur le registre de la masse de linge et chaussure.

865. Lorsqu'une portion de corps est composée d'hommes tirés de plusieurs compagnies, il n'est dressé par trimestre qu'une feuille de situations individuelles; mais cette feuille est divisée en autant de parties qu'il y a de compagnies différentes auxquelles les hommes appartiennent.

Section IV.

De la masse d'entretien.

Destination de la masse.

866. Dans les corps de troupe de toutes armes, il est pourvu à l'entretien de l'habillement, du grand équipement et de l'armement au moyen d'une masse dite *d'entretien*.

867. Il est alloué en outre aux corps de troupe à cheval une masse distincte, dite *masse d'entretien du harnachement et ferrage*.

Mode de paiement.

868. L'une et l'autre de ces masses se paie mensuellement sur l'état de solde des officiers, ainsi qu'il est dit aux articles 390 et 396.

Le mode d'administration et de comptabilité de ces masses est déterminé par l'ordonnance sur le service de l'habillement.

TITRE V.

DE LA VÉRIFICATION DE LA COMPTABILITÉ DES CORPS PAR LES MEMBRES DE L'INTENDANCE.

CHAPITRE Ier.

Dispositions générales.

Mode des vérifications.

869. Les vérifications à faire par les membres de l'intendance embrassent toutes les opérations qui ont lieu dans l'administration intérieure des troupes.

Ces vérifications sont périodiques ou accidentelles.

Epoques des vérifications.

870. Les vérifications périodiques, autres que les revues passées sur le terrain, sont faites, chaque trimestre, par les sous-intendans, et annuellement par les intendans.

Vérifications accidentelles.

871. Les vérifications accidentelles sont celles que font les intendans et les sous-intendans, soit pendant leurs tournées dans leurs divisions ou arrondissemens, soit inopinément, toutes les fois qu'ils le jugent nécessaire.

Ecritures.

872. La vérification périodique des écritures a lieu dans les quinze derniers jours du troisième mois de chaque trimestre pour le trimestre expiré, en présence du conseil d'administration et dans le lieu habituel de ses séances.

Deniers et matières.

873. Les vérifications, tant périodiques qu'accidentelles, relatives aux fonds en caisse et aux matières en magasin, se font sur place, pareillement en présence du conseil d'administration.

Comptabilité des compagnies.

874. Celles de ces vérifications qui ont pour objet les livres et livrets tenus par les commandans de compagnie ou sous leur surveillance, ont lieu, soit aux époques et de la manière indiquées à l'article 872, soit en même temps que celles relatives aux hommes et aux chevaux, et aux objets en service, ainsi qu'il est prescrit par les articles 514 et 516.

Convocation des conseils.

875. En conséquence de l'article 872 précité, lorsqu'un membre de l'intendance doit vérifier les écritures d'un corps ou d'une portion de corps, il fait connaître à l'officier commandant le jour et l'heure qu'il a fixés pour sa vérification, et le requiert, à cet effet, de convoquer le conseil.

Cas où la vérification a lieu chez le sous-intendant.

876. Pour les réunions d'hommes qui n'ont point de conseil d'administration, et pour les portions de corps dont les commandans remplissent les fonctions attribuées aux conseils, les vérifications se font chez le sous-intendant, en présence du commandant et des officiers comptables. Le sous-intendant appose son *vu et vérifié* sur toutes les pièces de comptabilité

Visa apposé sur les registres.

877. Aux époques de leurs vérifications périodiques, les membres de l'intendance apposent un *vu et vérifié* daté, sur chacun des registres de comptabilité, et y mentionnent leurs observations, s'il y a lieu.

878. Lors des vérifications accidentelles ou inopinées, les membres de l'intendance se bornent à apposer un *visa ne varietur* sur les mêmes registres, et sur toutes les pièces de comptabilité qui leur paraîtraient en être susceptibles.

Vérification particulière à faire de l'exécution des ordres de retenues ou rejets.

879. Dans leurs vérifications périodiques ou inopinées, les membres de l'intendance doivent s'assurer que les décisions ministérielles, et les retenues ou rejets ordonnés, soit directement par le Ministre, soit par les intendans divisionnaires, ont reçu leur pleine et entière exécution.

CHAPITRE II.

De la Vérification de la Comptabilité en deniers (1).

Vérification des recettes.

880. Les membres de l'intendance s'assurent que toutes les recettes portées sur le livret de paiement sont inscrites sur le registre de caisse, et que ce registre est en parfaite concordance avec les

(1) On se conforme, pour la vérification de la comptabilité en matières des différens services, aux dispositions prescrites par les ordonnances spéciales qui concernent ces mêmes services.

annotations faites, séance par séance, au registre des délibérations, tant pour les recettes provenant du trésor, que pour celles de toute autre origine.

Recettes omises.

881. Toute recette dont l'inscription a été omise, est portée immédiatement, et sous la date du jour de la vérification, au registre de caisse, par voie d'addition aux recettes. Le sous-intendant en fait mention au registre des délibérations.

Vérification des paiemens.

882. La vérification des paiemens suit immédiatement celle des recettes, et s'opère par le rapprochement des dépenses inscrites au journal du trésorier, avec les pièces justificatives qui s'y rapportent.

883. Les sous-intendans s'assurent ensuite que tous les paiemens ont été faits en vertu des autorisations du conseil, et conformément aux dispositions de la présente ordonnance.

Rejet des paiemens irréguliers.

884. Tout paiement non légalement autorisé ou non justifié est rejeté de droit, et donne lieu immédiatement à un forcement de recette. Le sous-intendant indique les causes et le montant du rejet sur le registre des délibérations, et charge le conseil de la réintégration à faire de la somme rejetée.

Vérification de la situation de la caisse.

885. Le sous-intendant vérifie les fonds de la caisse en présence du conseil, ainsi qu'il est dit à l'article 873, et s'assure que le restant en caisse est égal au résultat produit par la balance des recettes et des paiemens, à la date du jour de la vérification.

Effets actifs admissibles dans le représenté de caisse.

886. Les seuls effets actifs susceptibles d'être admis dans le représenté du restant en caisse, sont,

1° Les factures acquittées pour effets de linge et chaussure non distribués;

2° Les états de répartition des déficit ou rejets de dépenses mis à la charge du corps.

Vérification de la tenue des registres.

887. Pour la vérification des écritures, le sous-intendant s'assure,

1° Que le registre des délibérations contient la mention exacte de tous les actes du conseil, et de toutes les dispositions et opérations quelconques autorisées par lui;

2° Que le registre de l'effectif est en rapport avec la situation portée sur la revue générale de comptabilité ;

3° Que les situations trimestrielles des finances sont en rapport avec les dépenses réglées par la même revue et avec es recettes et paiemens portés au registre de caisse, et au registre journal du trésorier ;

4° Que le registre de la masse de linge et chaussure est en rapport avec le registre de caisse et avec les registres de magasin, ainsi qu'avec les livres de compagnie, et les feuilles de situations individuelles de ladite masse.

5° Que les registres d'habillement sont en rapport avec les devis approuvés par le Ministre de la guerre, et avec les opérations faites pour en procurer l'exécution.

6° Que ces mêmes registres sont en rapport avec le registre des délibérations et avec le registre de magasin ;

7° Que les contrôles annuels sont en rapport avec les livres de compagnie ;

8° Que les livres de compagnie sont en rapport avec les livrets des hommes ;

9° Que les livrets d'ordinaire sont en rapport, en ce qui concerne les recettes, avec les livres de compagnie.

Résumé de vérification et procès verbal inscrit au registre des délibérations.

888. Le sous-intendant consigne les résultats de sa vérification dans un résumé qu'il inscrit sur le registre des délibérations ; et s'il y a lieu à des rejets, il signale les officiers qui doivent en être passibles.

Indépendamment de ce résumé, et si le cas l'exige, le sous-intendant dresse un procès verbal circonstancié des irrégularités graves, ou des abus qu'il peut avoir remarqués ; ce procès verbal est également inscrit au registre des délibérations, et copie en est adressée au Ministre de la guerre, par l'intermédiaire de l'intendant divisionnaire.

Formation de l'état de rejet.

889. Dans le cas prévu par l'article précédent, le sous-intendant fait établir, à la suite du relevé sommaire de la situation des finances dont il est parlé ci-après, article 894, un état qu'il signe avec les membres du conseil d'administration, et qui indique,

1° l'article de dépense sur lequel porte le rejet du paiement ;
2° Le montant et les motifs de ce rejet ;
3° Les observations du conseil d'administration.

890. Lorsqu'il n'y a lieu à aucun rejet, le sous-intendant se borne à faire transcrire et à certifier conforme, au pied du relevé sommaire, le résumé inscrit au registre des délibérations.

Vérification particulière de la masse de linge et chaussure.

891. Les écritures relatives à la masse de linge et chaussure sont vérifiées dans tous leurs détails ; le sous-intendant s'assure que les fonds en sont administrés dans le plus grand intérêt du soldat. Lorsqu'il est dans le cas de rejeter des dépenses étrangères à cette masse, ou qui excèdent, sans autorisations légales, les fixations des tarifs, il en ordonne la réintégration au compte individuel des hommes qui en ont été indûment chargés.

Il s'assure en outre de l'exécution des réintégrations de cette nature qui ont pu être ordonnées lors des vérifications précédentes.

Mode d'y procéder.

892. Le sous-intendant procède à cette vérification en rapprochant les feuilles de situations individuelles des livres de compagnie, des livrets des hommes et des pièces mentionnées en l'article 857 ; il se fait représenter notamment les états nominatifs de réparations et de répartitions prescrits par les articles 833 et 838, à l'effet de reconnaître s'il n'a pas été exercé de retenues illégales, si celles autorisées ont été portées au débit de chaque homme, et s'il a été fait un emploi régulier de leur produit.

Il compare ensuite le registre de la masse aux feuilles de situations individuelles.

Examen des livrets d'ordinaire.

893. Le sous-intendant se fait représenter les livrets des ordinaires, en compare les recettes aux résultats que contiennent les livres de compagnie (*tableau H*), et s'assure que les fonds destinés à cette dépense, se sont accrus des produits additionnels détaillés en l'article 808.

Établissement du relevé sommaire de la situation des finances.

894. Ces diverses vérifications terminées, le conseil d'administration fait dresser et certifie un relevé sommaire de la situation des finances (*modèle n°* 80), qui comprend les recettes et dépenses faites dans le cours du trimestre.

895. Un semblable relevé est établi annuellement, à l'époque de la vérification des comptes du corps, par l'intendant divisionnaire.

Destination des relevés sommaires.

896. Ces relevés sont fournis en double expédition ; l'intendant en transmet une au Ministre secrétaire d'état de la guerre, et garde l'autre dans ses archives.

Époques de l'envoi à en faire au Ministre.

897. Les relevés sommaires trimestriels sont adressés au Ministre,

par l'intermédiaire de l'intendant, dans le courant du quatrième mois qui suit le trimestre vérifié.

L'envoi du relevé annuel a lieu dans le cours du deuxième trimestre de chaque année.

Troisième expédition du relevé sommaire établie en cas de rejet.

898. Dans le cas de rejet, le relevé sommaire est dressé en trois expéditions sur chacune desquelles le conseil d'administration consigne ses observations, s'il y a lieu : elles sont ensuite transmises à l'intendant, qui prononce sur la validité des rejets.

Deux de ces expéditions, revêtues de la décision de l'intendant, reçoivent la destination prescrite ci-dessus. La troisième est renvoyée au conseil, par l'intermédiaire du sous-intendant, avec la décision intervenue.

899. Cette décision est immédiatement mise à exécution. Toutefois, le conseil, s'il se croit fondé à réclamer, peut en référer à l'inspecteur général d'armes, qui prononce en dernier ressort.

Pièces de comptabilité conservées deux ans dans les archives.

900. Lorsque la comptabilité d'un corps de troupe est arrêtée définitivement par l'inspecteur général d'armes, toutes les pièces à l'appui de cette comptabilité restent pendant deux ans dans les archives du corps.

A l'expiration de ce terme, elles sont détruites, à l'exception des revues de liquidation et des feuilles de journées.

901. Les dispositions de l'article précédent sont applicables aux pièces à l'appui des revues qui sont déposées dans les archives des sous-intendans, telles que les feuilles de route, les billets de sortie des hôpitaux, les congés, les certificats de cessation de paiement, les doubles des demandes d'habillement, les marchés, les relevés sommaires des recettes et dépenses, etc.

902. Toutes les règles prescrites dans le présent titre pour les vérifications des sous-intendans sont communes à celles des intendans.

CHAPITRE III.

Des Réintégrations en Caisse.

Mode de réintégration.

903. Les réintégrations ont lieu au moyen, soit d'un versement matériel effectué dans la caisse du corps, soit par voie de retenue sur la solde des officiers à la charge desquels ont été mises les sommes à réintégrer.

Répartition des sommes à réintégrer.

904. Dans le cas prévu par l'article précédent, le sous-intendant

arrête la répartition des sommes qui doivent être réintégrées dans la caisse, et en surveille l'exécution.

905. Cette répartition se fait conformément aux dispositions de l'article 681, et au moyen d'un état nominatif indiquant,

1° La somme dont chaque officier est débiteur pour sa quote-part;

2° La somme à retenir mensuellement sur la solde, jusqu'à parfaite réalisation des fonds.

906. Les sommes provenant de ces retenues ou des versemens faits par les officiers débiteurs, sont successivement inscrites par le trésorier sur l'état de répartition.

États de répartition déposés dans la caisse.

907. Les états de répartition doivent être déposés dans la caisse, et arrêtés chaque mois par le conseil d'administration, aux sommes qui restent à recouvrer.

908. Lorsque le sous-intendant procède à la vérification de la caisse du corps, il n'admet chaque état de répartition que pour la somme dont le terme de réintégration n'est pas encore échu.

Officier changeant de corps, compris dans un état de répartition.

909. Lorsqu'un officier compris dans un état de répartition quitte le corps pour passer dans un autre avant de s'être libéré, un extrait dudit état est envoyé à son nouveau corps par les soins du sous-intendant, et par l'intermédiaire de son collègue ayant la police de ce corps; mention du débet restant à acquitter est faite sur le certificat de cessation de paiement remis à l'officier au moment de son départ.

910. Au moyen de cette disposition, la retenue dont cet officier est passible se continue à son nouveau corps, et le produit en est successivement transmis au corps qu'il a quitté.

Officier compris dans une répartition, passant dans la classe des officiers sans troupe, ou en disponibilité, ou à la réforme, etc.

911. Lorsque l'officier débiteur quitte le corps pour passer dans la classe des officiers sans troupe, ou en disponibilité, ou à la réforme, ou à la retraite, un extrait de l'état de répartition est envoyé par l'intendant au Ministre secrétaire d'état de la guerre, qui ordonne les dispositions convenables pour assurer le recouvrement du débet.

Cas de mort, de démission ou de captivité dudit officier.

912. Les formalités prescrites par l'article précédent sont également observées dans le cas de mort, de démission ou de perte du grade de l'officier débiteur.

Il en est de même à l'égard de l'officier débiteur fait prisonnier de guerre.

TITRE VI.

DE LA SUSPENSION DU PAIEMENT DE LA SOLDE ET DES DÉPENSES ACQUITTABLES COMME ELLE.

Registre spécial à établir pour les hommes absens.

913. Lorsque le paiement de la solde se trouve suspendu, il est ouvert dans chaque corps de troupe un registre spécial (*modèle n° 81*), destiné à recevoir l'inscription des sommes dues à tous les militaires créanciers sur les trimestres non soldés, et qui sont dans l'une des catégories ci-après :

1° Passés à d'autres corps;

2° Congédiés ou licenciés;

3° Rayés des contrôles pour cause de décès, de désertion ou de trop longue absence.

914. Ce registre est tenu par le trésorier, sous la surveillance du conseil, et, à son défaut, par l'officier qui en fait les fonctions. Les inscriptions sont faites distinctement par catégorie et pour chaque trimestre.

Titre à délivrer aux militaires changeant de corps, congédiés ou licenciés.

915. Conformément à l'article 411, tout militaire passant d'un corps dans un autre, congédié ou licencié, reçoit du conseil d'administration du corps d'où il sort, un titre individuel de créance de la somme dont il demeure créancier.

916. Il est délivré autant de titres séparés qu'il y a de revues décomptées dans lesquelles sont comprises les sommes dont le militaire est créancier.

Inscription spéciale des titres de créance.

917. Les conseils d'administration sont tenus de faire annoter sur leur registre spécial, et sommairement sur celui des délibérations, tous les titres de créance qu'ils délivrent en vertu des articles précédens.

Ils doivent, en outre, les mentionner sur les lettres de passe, cartouches de congés et livrets des militaires auxquels les titres de créances sont délivrés, et les soumettre au *visa* du sous-intendant.

Visa du sous-intendant du département où les hommes se retirent.

918. Les militaires congédiés ou licenciés, porteurs de semblables titres, doivent, à leur arrivée dans le lieu de leur domicile, les présenter au sous-intendant du département, pour être revêtus de son *visa*.

Militaire créancier passant dans un corps où le paiement de la solde est pareillement suspendu.

919. Lorsque des militaires porteurs de titres de créance de la nature de ceux prescrits par l'article 915, entrent dans un corps où le paiement de la solde a été pareillement suspendu, le conseil d'administration fait inscrire les noms et grades de ces militaires, ainsi que le montant de leurs titres individuels, dans un compte ouvert à la suite de la troisième partie du registre spécial.

Rappel autorisé pour les hommes passant dans un corps où il n'y a pas eu suspension de paiement.

920. L'article précédent n'est point applicable aux corps de troupe pour lesquels les paiemens n'ont pas été suspendus.

Lorsque ces corps reçoivent des militaires venus d'autres corps, et créanciers pour solde arriérée, ils sont autorisés à s'en créditer sur les feuilles de journées du trimestre courant.

Dans ce cas, les titres individuels de créance doivent être produits à l'appui des feuilles de journées.

Mode à suivre lors de la reprise des paiemens.

921. Lors de la reprise des paiemens, le conseil d'administration de chaque corps créancier, fait établir distinctement pour chaque trimestre arriéré, d'après son registre spécial, trois relevés récapitulatifs présentant, savoir :

Le premier, le montant des créances des militaires passés à d'autres corps, congédiés ou licenciés ;

Le deuxième, le montant des créances des hommes rayés des contrôles ;

Le troisième, le montant des titres de créance apportés par les hommes venus d'autres corps.

922. Les relevés mentionnés en l'article précédent, sont certifiés par le conseil d'administration, qui les remet en double expédition au sous-intendant chargé de la police administrative du corps, pour servir aux déductions et augmentations à faire sur la créance collective du corps, en se conformant, selon qu'il y a lieu, aux dispositions de l'article 920.

Répartition du montant des rappels effectués.

923. Lorsque le paiement des sommes revenant au corps sur chaque trimestre arriéré est ordonnancé, le conseil d'administration en fait faire la répartition entre tous les militaires créanciers, suivant leurs droits respectifs. Toutefois, les sommes qui appartiennent à des sous-officiers ou soldats absens du corps au moment du paiement, sont laissées en caisse et portées au crédit de leur masse, comme versemens volontaires.

Exécution de la présente ordonnance.

924. Toutes les dispositions antérieures contraires à ce que prescrit la présente ordonnance, sont et demeurent rapportées. Elle aura son exécution à partir du 1er janvier 1823.

Notre Ministre secrétaire d'état de la guerre est chargé d'en assurer l'exécution.

Donné au château des Tuileries, le dix-neuf mars de l'an de grâce 1823, et de notre règne le vingt-huitième.

Signé LOUIS.

Par le Roi :

Le Maréchal, Ministre secrétaire d'Etat de la guerre,

Signé DE BELLUNE.

TABLE DES MATIÈRES.

Ire PARTIE.

DES RÈGLES A SUIVRE POUR LES ALLOCATIONS.

TITRE Ier.

DISPOSITIONS PRÉLIMINAIRES.

TITRE II.

DES PRESTATIONS EN DENIERS.

CHAPITRE Ier.

De la Solde.

Section Ire.

Dispositions générales.

Section II.

Position donnant droit à la Solde de présence.

§ Ier. *De la Solde en station sur le pied de paix.*

§ IV. — *De l'Indemnité pour frais de bureau.*

§ V. — *Des Indemnités en remplacement de vivres.*

§ VI. — *Des Indemnités pour pertes de chevaux et d'effets.*

§ VII. — *Des Frais de poste.*

SECTION III.

Des Gratifications.

§ Ier — *De la première mise de petit équipement.*

§ II. — *De la première mise d'équipement aux Sous-officiers promus Officiers.*

§ III. — *De la Gratification d'entrée en campagne.*

CHAPITRE III.

Des Masses.

SECTION Ire.

Des Masses d'entretien.

§ Ier — *De la masse d'entretien de l'habillement.*

§ IV. — *Des Fourrages.*

Section II.

Du Chauffage.

Section III.

Dispositions communes aux fournitures des vivres, fourrage et chauffage.

CHAPITRE II.

Du Logement.

CHAPITRE III.

Du Gîte et Geolage.

IIe PARTIE.

DES RÈGLES A SUIVRE POUR LES PAIEMENS.

TITRE Ier.

DISPOSITIONS GÉNÉRALES RELATIVES AUX PAIEMENS.

CHAPITRE Ier.

Des Époques des paiemens.

SECTION Ire.

De la Solde des Officiers et de ses accessoires.

SECTION II.

De la Solde de la Troupe.

CHAPITRE II.

Du Décompte des diverses allocations.

SECTION Ire.

Des Officiers.

SECTION II.

De la Troupe.

CHAPITRE III.

Du Mode des paiemens.

SECTION Ire.

Des États de paiement.

SECTION II.

Des Livrets de solde.

§ Ier. — *De l'Usage des livrets.*

§ II. — *Du Renouvellement des livrets.*

§ III. — *Du cas de Perte d'un livret.*

SECTION III.

Du Paiement des mandats.

SECTION IV.

Des Rappels.

TITRE II.

DU PAIEMENT DES MILITAIRES SANS TROUPE.

CHAPITRE Ier.

Du Classement.

CHAPITRE II.

De la Formation des États de paiement.

SECTION Ire.

Etablissement des Etats généraux et individuels.

SECTION II.

Des pièces à remettre aux Chefs de classes et au Payeur.

SECTION III.

Des Mandats de paiement non acquittés.

CHAPITRE III.

Positions particulières.

SECTION Ire.

Changement de destination.

SECTION II.

De la Perte d'un mandat de paiement.

SECTION III.

Des Rappels de solde de captivité.

TITRE III.

DU PAIEMENT DES CORPS DE TROUPE ET DÉTACHEMENS.

CHAPITRE Ier.

Solde.

SECTION Ire.

Formation des Etats.

SECTION II.

Cas où la solde doit être payée sous la déduction de la portion affectée à la masse de linge et chaussure.

SECTION III.

Passage à une Solde différente.

SECTION IV.

De la Solde de captivité.

SECTION V.

Des Prisonniers de guerre étrangers.

SECTION VI.

De la fourniture d'effets de linge et chaussure.

CHAPITRE II.

Des Masses.

SECTION Ire.

De la Masse d'entretien de l'habillement.

SECTION II.

Des Frais de culte.

SECTION III.

De la Masse d'entretien du harnachement et ferrage.

Section IV.

De la Masse d'entretien des voitures des escadrons du train des équipages militaires.

Section V.

De la Masse des cantines d'ambulance.

CHAPITRE III.

Dispositions communes au Paiement de la solde et des masses.

CHAPITRE IV.

Des cas où le Paiement de la solde et des masses payables sur les fonds de la solde est suspendu.

CHAPITRE V.

Des Troupes embarquées et de celles levées pour la marine.

TITRE IV.

DES RETENUES SUR LA SOLDE.

CHAPITRE Ier.

Des retenues au profit de l'Etat.

Section Ire.

Remboursement pour fournitures d'effets de linge et chaussure.

CHAPITRE II.

Corps de troupe.

SECTION Ire.

Des Contrôles à tenir par les corps.

§ Ier. — *Contrôles des hommes.*

§ II. — *Contrôle des chevaux.*

§ III. — *Contrôles des voitures des escadrons du train des équipages.*

§ IV. — *Des Registres d'écrou.*

SECTION II.

Des Contrôles à tenir par les Sous-intendans.

SECTION III.

Des Logemens militaires.

TITRE II.

DES REVUES.

CHAPITRE Ier.

Officiers sans troupe et Employés militaires.

CHAPITRE II.

Corps de troupe.

SECTION Ire.

Des Revues sur le terrain.

§ Ier. — *Revues des Sous-intendans.*

§ II. — *Revues des Intendans militaires.*

SECTION II.

Des Feuilles de journées.

Section III.

Des Revues de liquidation.

CHAPITRE III.

Dispositions particulières aux troupes embarquées.

TITRE III.

DES DÉCOMPTES DE LIBÉRATION.

CHAPITRE Ier.

De la Réunion des pièces.

Section Ire.

Déclarations de quittance.

Section II.

Des Bordereaux de totalisation des fournitures en nature.

SECTION III.

Mode d'envoi des pièces d'un Sous-intendant à un autre.

CHAPITRE II.

De la Formation des décomptes.

SECTION Ire.

Règle pour leur établissement.

SECTION II.

De la Destination des Revues décomptées.

CHAPITRE III.

De la consommation des Décomptes.

SECTION Ire.

Corps de troupe.

SECTION II.

Des fournitures en nature faites aux Officiers sans troupe.

CHAPITRE IV.

Des cas où les Paiemens auraient été suspendus.

TITRE IV.

DE LA VÉRIFICATION DES REVUES.

CHAPITRE Ier.

Vérification par les Intendans militaires.

CHAPITRE II.

De la Vérification au Ministère de la guerre.

CHAPITRE III.

Des Augmentations et Diminutions par suite d'erreurs.

SECTION Ire.

Officiers sans troupe.

SECTION II.

Corps de troupe.

TITRE V.

DISPOSITIONS PARTICULIÈRES.

IVe PARTIE.

DE L'ADMINISTRATION INTÉRIEURE DES CORPS DE TROUPE.

TITRE Ier.

DU PERSONNEL DE L'ADMINISTRATION INTÉRIEURE DES CORPS DE TROUPE.

CHAPITRE Ier.

Des Conseils d'administration.

SECTION Ire.

De la Composition et de l'Installation des Conseils d'administration.

SECTION II.

Des Séances des Conseils d'administration.

SECTION III.

Des Attributions des Conseils d'administration.

SECTION IV.

Des Délibérations des Conseils d'administration.

SECTION V.

De la Responsabilité des Membres du Conseil d'administration.

CHAPITRE II.

Des Officiers comptables.

SECTION Ire

Du Trésorier.

CHAPITRE II.

Des Contrôles annuels.

CHAPITRE III.

Des Situations de l'effectif.

CHAPITRE IV.

Des Feuilles d'appel.

CHAPITRE V.

Des Feuilles de journées.

CHAPITRE VI.

Des Revues de liquidation.

TITRE IV.

DES PRESTATIONS EN DENIERS.

CHAPITRE Ier.

Des Demandes de fonds pour la solde et autres prestations en deniers.

CHAPITRE II.

De la Destination et de la Distribution des fonds perçus pour la solde et les autres prestations en deniers.

SECTION Ire.

De la Distribution de la solde aux Officiers.

SECTION II.

De la Distribution de la solde à la troupe.

SECTION III.

De la Masse de linge et chaussure.

SECTION IV.

De la Masse d'entretien.

TITRE V.

DE LA VÉRIFICATION DE LA COMPTABILITÉ DES CORPS PAR LES MEMBRES DE L'INTENDANCE.

CHAPITRE Ier.

Dispositions générales.

CHAPITRE II.

De la Vérification de la comptabilité en deniers.

CHAPITRE III.

Des Réintégrations en caisse.

TITRE VI.

DE LA SUSPENSION DU PAIEMENT DE LA SOLDE ET DES DÉPENSES ACQUITTABLES COMME ELLE.

Le Ministre Secrétaire d'Etat au département de la guerre, à MM. les Intendans et Sous-Intendans militaires (Intendance générale de l'Administration, Bureau de la Solde et des Revues.)

Paris, le 22 mars 1823.

(Envoi de l'Ordonnance du 19 mars 1823, portant Règlement sur le traitement et les revues, et sur l'Administration intérieure des Corps de troupe.)

Messieurs, vous savez tous quelles sont les conditions essentielles d'une bonne administration : unité de principes, exactitude et régularité dans leur application ; là se trouvent toutes les garanties, du moins les plus importantes.

Ces moyens de succès, l'administration de la guerre les exige plus impérieusement qu'aucune autre peut-être ; elle les exige en raison des services nombreux qu'elle embrasse, des intérêts divers qu'elle régit, et de l'inévitable complication qu'entraînent des détails si multipliés.

Je me suis appliqué à connaître les ressources et les besoins de ce vaste ensemble. Nous possédons d'excellens matériaux ; nous sommes riches d'une longue expérience : avec de tels guides, dominés par le sentiment du bien, par une volonté ferme pour y parvenir, nous ne saurions manquer d'obtenir toutes les améliorations possibles.

Dans cette persuasion, j'ai médité sur l'idée d'un travail entrepris depuis plusieurs années, et qui avait pour but de refaire les anciens règlemens, afin de les approprier à l'état actuel des choses.

Mais, je dois le dire, si ce plan était louable en lui-même, le système d'exécution auquel il avait été soumis m'a paru présenter d'assez graves inconvéniens, en ce qu'il tendait à introduire dans les coutumes de l'administration, dans le langage qui lui est propre, une foule d'innovations de tout genre. J'ai craint que tant de changemens, opérés tout à coup, ne fussent en réalité plus nuisibles qu'utiles. Il m'a semblé qu'il valait mieux coordonner, selon la nature de chaque service, les dispositions éparses consacrées jusqu'à ce jour, et en former un grand tout, un corps régulier de législation. Le premier travail a donc été abandonné. Le peu que j'en ai conservé dans les nouveaux projets de règlemens élaborés sous mes yeux, n'a dans son essence rien que de conforme aux principes maintenant en vigueur.

La tâche que je m'étais imposée touche à son terme, et j'espère être bientôt à même d'en soumettre tous les résultats à la sanction du Roi, comme je l'ai déjà fait particulièrement pour le service de la solde, des revues et de l'administration intérieure des corps de troupe.

Je vous adresse aujourd'hui l'ordonnance rendue par S. M. sur cette matière, le 19 mars présent mois.

Cette ordonnance, ainsi que l'indique son titre, se divise en deux sections principales : la solde et les revues, l'administration intérieure des corps de troupe. Ce que je viens de dire sur l'ensemble des règlemens projetés, sur les vues qui ont dirigé leur confection, vous fait assez pressentir l'esprit dans lequel celui-ci a été composé. Les trois premières parties renferment le règlement provisoire du 2 février 1818, modifié et rendu complet par l'addition de toutes les dispositions partielles survenues depuis sa publication. Le cadre est le même ; mais les matières y sont classées et distribuées dans un ordre à la fois plus clair et plus méthodique.

La quatrième et dernière partie, qui traite de l'administration des corps, repose, dans ses bases fondamentales, sur l'arrêté du 8 floréal an 8. On y a réuni, en les abrégeant autant qu'il était possible sans nuire au fond des choses, les dispositions de l'instruction ministérielle du 28 décembre 1811, sur la tenue et les arrêtés de la comptabilité. Du reste, j'ai pensé que tout ce qui se rattache à la gestion de l'habillement et des autres branches des services administratifs, serait mieux placé dans les ordonnances spéciales à intervenir pour chacun de ces services. On devra en conséquence, jusqu'à ce qu'elles aient paru, continuer à suivre à cet égard les principes et les formes présentement en usage.

Parmi les changemens que consacre l'ordonnance du 19 mars, voici ceux qui, par leur objet, offrent un intérêt marquant.

Le premier se rapporte au mode de paiement du prêt.

Le prêt, comme vous savez, se fait maintenant tous les cinq jours ; il a lieu sur des feuilles distinctes et indépendantes des pièces particulières qui servent à la distribution des fournitures en nature : désormais ces deux objets seront réunis dans un seul et même état comprenant une période commune de quatre jours. Les avantages de cette fusion paraissent peu susceptibles d'être contestés ; d'un côté, elle abrège, elle simplifie les écritures, et, en réduisant les élémens de la comptabilité, elle en facilite aussi la vérification ; d'un autre côté, ce changement ne saurait être désagréable à la troupe, car il ne froisse ni ses droits ni ses habitudes ; au contraire, il est naturel de croire qu'elle le verra avec quelque satisfaction, puisqu'il lui assure la perception de ses deniers de poche à des intervalles plus rapprochés. Vous remarquerez d'ailleurs le soin qu'on a eu de faire coïncider les époques du paiement des à-bon-compte de quinzaines avec celles du prêt : on a déterminé deux coupures analogues, l'une composée des seize premiers jours, l'autre des quatorze ou quinze derniers, selon la durée du mois. Par-là, les corps seront toujours en état de payer la solde d'avance, sans avoir à recourir pour cela aux fonds généraux de leur caisse.

Ainsi, sous quelque rapport qu'on l'envisage, cette mesure doit être regardée comme une véritable amélioration.

La législation existante privait de leur masse de linge et chaussure les hommes pensionnés, admis aux invalides, ou réformés étant à l'hôpital externe ou en congé illimité.

Cette règle était à la fois rigoureuse et essentiellement contraire au principe constitutif de la masse, principe qui reconnaît formellement les produits dont elle se forme comme un droit acquis, comme la propriété personnelle du soldat. Le nouveau règlement remplit à cet égard le vœu de l'équité; il rétablit cette classe particulière de militaires dans la jouissance de leur avoir.

L'ordonnance que je vous transmets améliore aussi le sort des sous-officiers, relativement à l'indemnité de première mise d'équipement qui leur revient quand ils sont promus officiers.

Elle leur accorde cette gratification après quatre années de service, au lieu de cinq, qui étaient précédemment exigées.

S. M., en adoptant une disposition si conforme à sa constante sollicitude pour l'armée, a puisé les motifs de sa résolution dans les règles d'avancement consacrées par la loi du 10 mars 1818. Il lui a paru juste et convenable de restreindre le temps de service auquel est attachée la jouissance de l'indemnité, dans la même limite que celle fixée pour l'obtention du grade.

Je m'abstiens d'appeler votre attention sur quelques points d'un ordre secondaire qui sont également modifiés. Il en est un cependant auquel les circonstances présentes peuvent donner plus de prix, et que, par ce motif, je ne dois pas passer sous silence. Jusqu'ici, la position des aides de camp a été régie, quant à la solde, par les règles générales sur l'activité de service. Leurs droits, leur existence militaire, étaient entièrement subordonnés aux droits, à l'existence de leurs généraux : on avait laissé indécis le cas où leurs fonctions à l'armée venaient à cesser par la mort ou la captivité de ces derniers; en sorte que, dans cette double hypothèse, et bien qu'ils fussent toujours réellement en activité, leur situation restait néanmoins incertaine. Cette lacune a disparu. A l'avenir, les aides de camp ainsi séparés des généraux près desquels ils étaient employés, conserveront tous les avantages inhérens à leurs lettres de service, jusqu'à ce qu'ils aient reçu une nouvelle destination.

Il me reste enfin à vous signaler, Messieurs, une modification qui domine toutes les autres par sa haute importance : c'est la responsabilité pécuniaire que vous impose le nouveau règlement.

Ce principe préexistait, vous ne l'ignorez point : on le trouve établi dans les anciennes instructions, et le règlement du 2 février l'avait aussi expressément consacré. L'ordonnance du 19 mars ne fait que le préciser davantage.

Je ne me suis pas dissimulé ce qu'il peut avoir de rigoureux dans certaines occurrences; j'ai pareillement senti toute la force de cette garantie morale qui existe dans le sentiment de vos devoirs, dans la dignité de vos fonctions et du caractère dont elles vous ont investis. Mais, quelque puissantes que soient ces considérations, elles ne sont pourtant pas suffisantes pour balancer les droits toujours inaltérables du trésor royal. Si donc le fonctionnaire institué pour en surveiller les intérêts, vient à perdre de vue les obligations de son mandat; si, sans motifs légitimes, il autorise ou fait effectuer des paiemens irréguliers, certes vous conviendrez, Messieurs, qu'en l'obligeant à répondre de ses actes, l'administration n'exerce envers lui qu'un droit également équitable dans sa cause et dans ses conséquences. Vous remarquerez au surplus que la faculté du recours subsiste tout entière, si ce n'est à l'égard des sous-officiers et soldats, dont il tendrait à compromettre le bien-être. Vous verrez aussi que, dans le dessein d'assurer constamment la juste application de cette mesure, l'ordonnance me réserve le droit d'avoir égard à ce que l'exigence des cas pourrait légitimer. Soyez persuadés, Messieurs, que, toutes les fois que la nature des choses n'y mettra point obstacle, j'userai de cette faculté avec autant d'empressement que de satisfaction.

En terminant, je vous préviens que l'ordonnance du 19 mars doit recevoir son exécution à dater du 1er janvier 1823, et qu'elle n'est point applicable à la gendarmerie. Veuillez prescrire toutes les dispositions convenables à cet effet.

J'ai l'honneur d'être, etc.

Extrait de la Circulaire lithographiée adressée à MM. les Intendans militaires le 10 *avril* 1823. (Intendance générale de l'Administration, Bureau de la Solde et des Revues.)

Paris, le 28 avril 1823.

Il s'est glissé dans une partie des exemplaires de l'ordonnance du 19 mars 1823, et du tarif qui y fait suite, quelques omissions ou erreurs d'impression qui ont été reconnues trop tard. Mais ces fautes ayant été corrigées soigneusement avant l'insertion au Journal militaire, c'est à ce journal qu'on doit s'en rapporter. En conséquence, les personnes qui le reçoivent sont invitées à le comparer avec les exemplaires de l'Ordonnance et du tarif qui leur ont été envoyés précédemment, et à faire sur ces derniers les rectifications nécessaires. Les changemens dont il s'agit portent sur les articles 33, 87, 119, 297, 677 et 808 de l'Ordonnance, ainsi que sur les observations générales et les tableaux n°s 9, 13, 15, 24, 25, 31, 34, 35, 39, 40, 42, 54, 55, 59 et 63 du tarif.

Son Excellence profite de cette circonstance pour donner quelques explications sur certains articles de l'ordonnance, qui ont paru susceptibles d'être diversement interprêtés.

Il semblerait résulter du texte de l'article 47, que dans aucun cas les officiers en disponibilité ne pourraient recevoir, outre leur solde, aucun supplément quelconque. En effet, ceux de ces officiers qui se trouvent chargés d'une mission temporaire, ont droit, pendant sa durée, à la solde d'activité de la dernière classe de leur grade, et ils doivent en être payés sur mandats individuels, au titre de la première classe d'officiers sans troupe. Mais ils cessent de recevoir, pendant le même temps, leur traitement de disponibilité dont ils ne reprennent la jouissance que lorsque leur mission est terminée. Ainsi, l'article conserve toute sa force à leur égard, puisque, dans le cas dont il s'agit, il y a changement momentané de position et de traitement, et non cumulation d'un supplément avec la solde de disponibilité.

On a demandé si nonobstant les dispositions de la circulaire du 17 février dernier, la première mise de petit équipement accordée par l'article 213 aux hommes sortant des dépôts de condamnés aux travaux publics ou au boulet, mais réadmis au service, devait leur être payée en totalité. Si par esprit de prévoyance, on a voulu que ce qui revient aux condamnés sur le prix de leur travail quand ils quittent le dépôt, fût versé à la masse de linge et chaussure, c'est uniquement pour assurer le bon emploi de ces fonds; mais il ne serait pas juste de réduire d'autant l'indemnité de première mise, parce qu'elle est due à ces hommes par le fait seul de leur rentrée sous les drapeaux. Cette indemnité doit donc toujours leur être allouée intégralement.

La circulaire du 17 mars dernier (bureau de la comptabilité générale et des budgets) ne se trouvant pas d'accord avec ce que prescrit l'article 352 de l'ordonnance sur la manière de constater le non paiement des mandats individuels il s'est élevé des doutes sur la question de savoir laquelle de ces deux dispositions devait être suivie. La marche tracée par l'article précité, est la seule à laquelle il faille continuer de se conformer.

On a encore manifesté des doutes sur l'application aux feuilles de journée et aux revues de l'article 376, qui prescrit la coupure dés états de paiement au passage de la frontière. L'affirmative, à cet égard, résulte de la nature même des choses; car, sans cette coupure, il y aurait nécessairement confusion dans le règlement de décompte.

Le sens de l'article 563 n'a pas paru assez précis, en ce qu'il ne dit pas expressément que les revues doivent toujours être établies au dépôt du corps. Le troisième alinéa de ce même article, indique suffisamment qu'il n'est rien innové sur ce sujet.

On a cru trouver une sorte de contradiction dans le rapprochement des dispositions des articles 609 et 619, l'un et l'autre relatifs aux feuilles de rectification. Cette contradiction n'est qu'apparente, et elle s'explique par un seul mot; c'est que par la revue dont il est parlé à l'article 619, et à laquelle la feuille de rectification reste annexée, on doit entendre la minute et non l'expédition.

Enfin, on a observé relativement à l'article 716, que la formation d'un registre central serait sans objet pour les portions de corps détachées, puisque ce registre n'a d'autre destination que de présenter l'ensemble des opérations de la comptabilité du corps. Cette observation est fondée; on voit en effet, par le deuxième alinéa de l'article 731, que le registre dont il s'agit ne peut être tenu qu'au dépôt.

IMPRIMERIE DE J. GRATIOT.

www.ingramcontent.com/pod-product-compliance
Ingram Content Group UK Ltd.
Pitfield, Milton Keynes, MK11 3LW, UK
UKHW020119200726
13856UKWH00002B/623